De Autoempleados a Empresarios

Como planificar estratégicamente un Centro de Salud Privado para potenciar su desarrollo

Luis Azpurua y Eduardo Betancourt

Los comentarios son bienvenidos a **lazpurua@gmail.com**
y **betancourte@ciede.com**

ISBN-13: 978-1522803805
ISBN-10: 1522803807

Agradecimiento

Queremos expresar nuestro
agradecimiento al Dr. René Sotelo
por la revisión de este libro y
por sus valiosos comentarios

Los autores

Contenido

Introducción

Gestionar un centro de salud exitoso es un reto en cualquier parte del mundo. Los centros de salud, desde el pequeño consultorio, hasta el hospital de múltiples especialidades, son sistemas complejos en donde interactúan diferentes procesos con la finalidad de poder ofrecer al paciente un servicio de calidad de manera segura.

Frecuentemente sus fundadores y accionistas son profesionales del área de salud y poseen ventajas derivadas de su formación, que si las trasladan a la empresa pueden ser de inmensa utilidad.

También existen grupos económicos que ven la salud como una oportunidad de negocio, pero no conocen del tema. Para ello se alían con un médico exitoso y emprendedor, el cual cree conocer el funcionamiento del centro de salud.

Habitualmente los profesionales de salud exitosos en sus áreas son los escogidos o elegidos para dirigir un centro de salud. En sus nuevas funciones, el profesional se encuentra en un "mundo nuevo" alejado de sus 4 paredes, en donde acostumbraba a realizar su práctica médica y que constituía su zona de confort. Allí empieza a lidiar con áreas desconocidas:

¿Cómo es la logística de insumos? ¿Cuáles son las unidades o servicios de mayor productividad? ¿Y los de menor? ¿Realmente estamos haciendo nuestro trabajo bien? ¿Somos eficientes en el uso de los recursos? ¿Quiénes son mis competidores o quienes me están imitando? ¿Hay un área de experticia que podamos explotar? ¿Hay un área o servicio del que tendremos que prescindir? ¿Es nuestro centro un lugar en donde podemos garantizar seguridad en la atención del paciente? ¿Cuándo, en qué y dónde expandirnos?

De Autoempleados a Empresarios

Un médico sabe que la salud de sus pacientes depende tanto del cuidado interno de su organismo como del entorno donde actúa. También está consciente de que las enfermedades no se curan atacando las manifestaciones externas, sino las causas profundas que la producen. De allí que reconozcan la importancia de hacer un buen diagnóstico, que frecuentemente requiere la realización de exámenes paraclínicos de diversos tipos, y de analizar la interrelación que puede haber entre diversas dolencias, antes de seleccionar el tratamiento a seguir.

De igual manera conoce la importancia que tiene el cumplimiento del tratamiento y la necesidad de hacerle seguimiento para comprobar su efectividad. El conocimiento sistémico que tiene del organismo, de su anatomía y fisiología, son piezas fundamentales en su éxito profesional, pero también es igualmente importante estar al día con las últimas técnicas y los nuevos fármacos que le ayudan en su labor.

No obstante, a la hora de planificar y administrar su propia empresa de salud, no siempre aprovecha esta ventaja de su formación para trasladarlas al campo empresarial. Las empresas, al igual que las personas, son organismos complejos cuya anatomía y fisiología hay que conocer. Su interacción con el entorno es vital para su desarrollo exitoso.

Pero, a diferencia de las personas, tenemos la capacidad de incidir de inmediato en la estructura de las empresas, para adaptarla a los cambios en el entorno, sin tener que esperar años de evolución. Más aún, es indispensable hacerlo de una manera ágil y flexible, en virtud de la aceleración de los cambios en los entornos en que vivimos. Es la única manera de garantizar su supervivencia y desarrollo.

Para ello también es importante analizar diferentes escenarios que pueden presentarse y la forma cómo pueden repercutir en el Centro de Salud Privado, para ganar capacidad de anticipación en las acciones a tomar y así aprovechar las oportunidades y contrarrestar las posibles amenazas, en esos escenarios. Semejante a lo que ocurre con los pacientes, de las metodologías que utilicemos va a depender la obtención de un buen diagnóstico y la aplicación del tratamiento adecuado.

De Autoempleados a Empresarios

Un Centro de Salud Privado, ya sea que se trate de un nuevo emprendimiento o que esté en funcionamiento y quiera ampliarse, para aprovechar el crecimiento natural de la población y mantener su cuota de mercado; o que desee incursionar en nuevos mercados o aprovechar nuevas oportunidades dentro de los mercados existentes, requiere, por una parte, de un buen conocimiento del negocio y por la otra, de directivos o asesores, con las competencias necesarias para realizar un análisis estratégico amplio y profundo.

Esto es especialmente cierto en Latinoamérica donde frecuentemente observamos un entorno político, social y económico caracterizado por la volatilidad, la incertidumbre y los cambios acelerados; en donde el directivo debe plantearse cuál es el panorama que tiene que afrontar a corto, mediano y largo plazo y qué puede hacer para adaptarse al mismo y aprovechar lo mejor de él.

Es la misma pregunta que se hace cada día cualquier empresario o emprendedor que quiera detectar oportunidades donde los demás sólo ven problemas.

Por supuesto no podemos predecir el futuro, pero sí podemos anticipar varios futuros y analizar cómo podríamos responder ante ellos. Las técnicas modernas de planificación estratégica han demostrado, en las grandes empresas, ser el instrumento fundamental para desarrollar esas habilidades. Esto es especialmente importante en Centros de Salud Privados, donde las inversiones son considerables, el tiempo de ejecución es largo y el éxito depende de la capacidad de prever los recursos tecnológicos, de infraestructura y sobre todo los humanos, con suficiente anticipación y para diversos escenarios.

Este libro va dirigido, por una parte, hacia los profesionales de la salud, en especial a los médicos con vocación de emprendimiento empresarial, que toman el riesgo de salirse de su mundo médico, su consulta o pabellón, otear el horizonte y crear una empresa de salud. Por la otra, también va dirigido al administrador o inversor que ve en el sector salud una oportunidad de negocio, pero no tiene experiencia navegando por esos mares.

Persigue exponer los conceptos y las técnicas modernas para realizar una planificación estratégica exitosa, adaptada a las características de los Centros de Salud Privados.

Está escrito por dos profesionales de reconocida experiencia: el Dr. Luis Azpurua, quien en su dilatada carrera profesional de más de 25 años ha desempeñado importantes posiciones ejecutiva en diversos organismos de salud, entre ellas, la de Director Médico del Hospital San Juan de Dios de Caracas.

Fue líder de proyecto del Nuevo Hospital de emergencias Pérez de León, de la ciudad de Caracas, Venezuela; fue miembro de la Junta Directiva de la Corporación de Salud del Estado Miranda, el segundo estado más populoso de Venezuela y actualmente es Director de Docencia e Investigación de las instituciones Propias de Salud de Sanitas Venezuela, parte de la Organización Sanitas Internacional.

Su coautor es el Consultor Organizacional Eduardo Betancourt, quien después de 35 años de carrera en la industria petrolera, en empresas como Shell y PDVSA, donde ocupó diferentes puestos ejecutivos, fundó el Centro de Investigación, Educación y Desarrollo Estratégico (CIEDE), para apoyar a diversas empresas e instituciones en su planificación estratégica y estructuración organizacional, aprovechando los conocimientos y experiencias adquiridos en estas áreas, donde fue contraparte de grandes empresas consultoras como McKinsey y ADL.

Ambos se conocieron cuando Betancourt facilitó la elaboración del Plan Estratégico del Hospital San Juan de Dios y Azpúrua era su Director Médico. Comparten la pasión por la investigación y la docencia universitaria, siendo profesores en varias universidades, entre ellas la Universidad Simón Bolívar, Universidad Central de Venezuela y Universidad Católica Andrés Bello. Juntos aceptaron el desafío de elaborar la presente obra donde exponen, de una forma didáctica y con ejemplos, los conceptos fundamentales y las metodologías a seguir para establecer el rumbo estratégico de una organización de salud privada.

Utilidad del libro

La utilidad de este libro es poder suministrar al lector las herramientas necesarias para que tengan éxito en la elaboración del Plan Estratégico de un Centro de Salud Privado, de calidad y rentable.

De Autoempleados a Empresarios

Los Centros de Salud de carácter privado, tienen un enorme reto para poder tener éxito. A diferencia de los Centros de Salud de carácter público, no sólo deben prestar un buen servicio para cubrir las necesidades de sus pacientes, sino además ser rentables para sus accionistas.

Por esta razón la planificación estratégica cobra una especial importancia en su desarrollo, ya que el fracaso económico puede conducir a la desaparición de la empresa y su éxito se puede traducir en una expansión que permita desarrollar al máximo su potencialidad, en beneficio de la sociedad, de sus accionistas y de su personal.

Tiene aplicación cuando se desea analizar el rumbo a seguir, tanto en la creación de nuevos Centros de Salud, como en la ampliación de los existentes, ya sea en la búsqueda de nuevos mercados, como en el aprovechamiento de los mercados donde opera, con la introducción de nuevos servicios.

También tiene utilidad en la reorientación de un Centro de Salud en funcionamiento, para que sea flexible y adaptable a las realidades circundantes y sacar lo mejor de ellas.

Se explica en términos sencillos y entendibles, la manera de planificar estratégicamente su centro, en un lenguaje adaptado a sus necesidades, pero a la vez utilizando, combinando y adaptando a nuestra idiosincrasia, las técnicas más avanzadas de la planificación estratégica.

Estas técnicas se han venido desarrollando, tanto en Norteamérica como en Japón y Europa. Su aplicación en diferentes Centros de Salud en Latinoamérica, así como en otras empresas, ha demostrado su efectividad. En esta obra exponemos los fundamentos de cada una y su aplicación práctica.

En la Primera Parte del libro, se analiza el significado moderno de la estrategia y su importancia en los Centros de Salud Privados, utilizando un enfoque sistémico, similar al que usa el médico al evaluar sus pacientes.

De Autoempleados a Empresarios

En la Segunda Parte se muestra la forma de analizar la anatomía o estructura actual de la empresa, su fisiología o comportamiento natural, de acuerdo al modelo de negocio vigente. Una vez conocido lo anterior, podemos entender su fisiopatología o qué pasa si el modelo no funciona como lo esperado.

Con esos elementos se describe la forma de efectuar un buen diagnóstico de la empresa de salud, para evaluar su situación actual, sus ventajas y sus problemas, el entorno donde opera y las oportunidades y amenazas presentes en dicho entorno. A continuación se examina la forma de explorar el futuro para identificar los factores críticos y la manera de elaborar escenarios relevantes para la empresa.

Todo esto tiene la finalidad de dar herramientas al Cuerpo Directivo para detectar las señales relevantes que puedan ocurrir en el entorno y las consecuencias que pueden tener en su empresa, para ganar anticipación, rapidez y asertividad en las acciones a tomar.

En la Tercera Parte se explican las técnicas para generar ideas innovadoras y escoger los movimientos estratégicos requeridos para garantizar la supervivencia y el éxito de la empresa. A partir de ellos se establecerán los elementos fundamentales del plan estratégico: la identidad corporativa de la empresa, la propuesta de valor en el mercado, los objetivos estratégicos que se deben lograr, la cultura organizacional y el modelo de negocios que se debe desarrollar. Posteriormente, se puede aplicar la terapéutica o correctivos para que el modelo pueda funcionar como fue visionado.

Además de los ejemplos expuestos en cada capítulo, a través del libro se va desarrollando un caso de estudio tipo: el "Centro de Otorrinolaringología Respirar" para ejemplificar cómo en la práctica se lleva a cabo el ejercicio metodológico.

El objetivo final de esta obra es que los emprendedores y financiadores puedan garantizar a la comunidad un servicio de salud de alta calidad, efectivo, seguro y rentable, el cual pueda tener la flexibilidad necesaria para poder adaptarse a las realidades circundantes.

De Autoempleados a Empresarios

Lo interesante de esta propuesta, comparándola con lo que ocurre en un ser humano, es que con la aplicación de estas herramientas tenemos la capacidad de cambiar la anatomía de ese modelo de negocio, para poder realizar los procesos fisiológicos que se planificarán, cosa que no es posible hacer en un ser vivo.

.

PRIMERA PARTE

Estrategia para Centros de Salud Privados: concepto, fundamentos y utilidad

Capítulo I

Qué es un Centro de Salud Privado y sus diferencias con otras organizaciones o empresas

Un Centro de Salud Privado es aquel lugar en donde confluyen varias ramas profesionales relacionadas con la salud, interactuando de manera coordinada, en diferentes niveles de procesos, para poder brindar al paciente un servicio de calidad de manera segura.

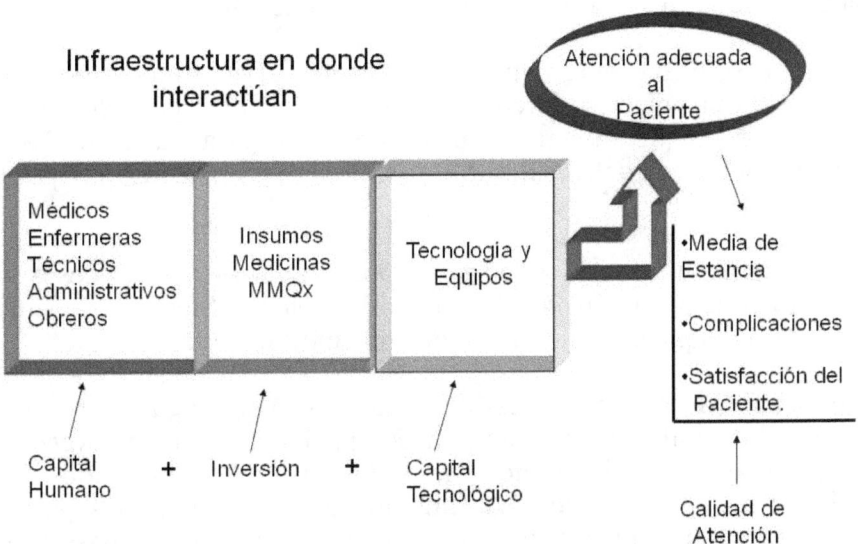

En dicho espacio ocurren actividades y procesos complejos, que deben ser coordinados para poder brindar salud a los pacientes.
Allí hay que actuar, moverse, desempeñarse y gestionarse en ambientes altamente regulados y competitivos, en los cuales , gracias al avance de las Tecnologías de Información y Comunicación (TIC), se tienden a llevar estándares internacionales.

La actividad de un Centro de Salud es quizás una de las más complejas dentro del área de gestión y planificación. Funciona en varios niveles y tiene varios actores

---

La actividad de un Centro de Salud es quizás una de las más complejas dentro del área de planificación y gestión. Funciona en varios niveles y tiene varios actores.

El primer nivel o "front desk" es el que observa la mayoría de las personas que acuden a un centro de salud. Allí generalmente interactúan dos tipos de actores: por un lado, el médico o profesional de salud, que busca un espacio para poder ejercer su profesión de acuerdo a unos estándares de calidad y seguridad aceptables, toma decisiones en relación a los insumos, exámenes paraclínicos y procedimientos a realizar al paciente.

Por el otro, el paciente como receptor del servicio médico, el cual establece una relación de confianza con el médico, pero desconoce cuál es el mejor insumo o procedimiento para su caso. Es el consumidor final del resultado de las actividades realizadas por el médico.

Este primer nivel está soportado por una serie de procesos de servicio, que también son visibles al paciente (gestión de citas, recepción del paciente, atención de enfermería, etc.).

Por debajo de ese "front desk" se encuentra un segundo nivel de procesos el cual no es visible para los pacientes y muchas veces es poco conocido para los profesionales de salud. El denominado "back office" (lo que no se ve). Los mismos son fundamentales para el funcionamiento adecuado del centro: gestión de provisión de medicinas, material médico quirúrgico; gestión tecnológica, tanto médica como industrial, gestión de inventarios, gestión de hotelería y de mantenimiento, gestión de administración y contabilidad, asesoría legal, entre otras. Sin estos procesos no es posible garantizar que pueda fluir sin contratiempo el servicio que presta el profesional de salud al paciente en el "front desk".

De Autoempleados a Empresarios

El resultado de todas estas interacciones, en los niveles descritos, debe ser la resolución parcial o total del problema con que acudió el paciente, de acuerdo a los estándares de calidad y seguridad de la evidencia médica actual. Además, que el paciente se sienta satisfecho por el servicio recibido. Esto es lo que se conoce como un prestador de servicio de salud.

El financiador del servicio es un tercer actor importante, que paga, o sufraga, el gasto al paciente, por los servicios recibidos. Habitualmente el financiador es diferente al paciente, siendo por lo regular una empresa aseguradora, o el propio estado que compra servicios de salud.

Este financiador usualmente negocia precios con la empresa y establece un cierto control en el uso de los recursos económicos. Hoy en día los financiadores de servicios también tienen la capacidad de fijar estándares de calidad y precios a los proveedores de servicios.

Actualmente los Centros de Salud Privados deben prestar servicios dentro de un marco regulatorio o legal complejo, el cual obliga, direcciona y regula las condiciones en las que se producen las actividades, e inclusive los precios de los servicios, que se pueden prestar u ofertar. Existe la tendencia, por parte de las empresas de salud, a solicitar acreditación por organismos u entes externos, para así poder, por un lado, dejar constancia de que brindan un servicio de salud de calidad, de acuerdo a estándares locales e internacionales, y por el otro, elevar su reputación, prestigio, y por ende la confianza del paciente de que recibirá un servicio de alta calidad y seguridad.

A semejanza de los Centros de Salud Públicos, o de los privados con fines caritativos, presta un servicio de salud a un determinado sector, pero a diferencia de estos otros centros, depende, para su funcionamiento de los ingresos que obtienen de sus clientes, ya que normalmente no es financiado por el Estado, ni recibe donaciones de particulares.

> # Un Centro de Salud Privado, a diferencia de otros Centros de Salud, depende para su funcionamiento de los ingresos que obtiene de sus clientes, ya que, normalmente, no es financiado por el Estado, ni recibe donaciones de particulares

Su financiamiento se origina en fuentes privadas, que invierten recursos financieros y de otra índole y esperan a cambio una rentabilidad por su inversión, que permita compensar a los accionistas por el riesgo financiero que están tomando, y a la vez desarrollar y expandir el Centro para aprovechar al máximo las oportunidades que brindan diversos mercados.

Estas diferencias se especifican en tres elementos principales: los pacientes, los médicos y los sistemas de acreditación.

La diferencia con otras organizaciones o empresas:

- El Centro de Salud es una empresa de servicios en la cual el paciente, o cliente, forma parte del proceso. Esta analogía se puede observar cuando ocurre una intervención quirúrgica. El paciente sufre transformaciones durante el proceso de brindar salud. El médico es el elemento catalizador dentro de dichos procesos. El resultado, o producto, es un paciente que obtuvo una modificación o cambio en aras de mejorar su salud. El paciente, quien es el cliente final, es a la vez insumo y receptor del servicio prestado. Estadísticamente uno mide salud por los resultados a pacientes.

Pero habitualmente es el paciente el que menos información tiene acerca de los procesos a realizar en él. Sin embargo, a diferencia de los Centros de Salud Públicos, o con fines caritativos, el paciente de un Centro de Salud Privado generalmente tiene una capacidad económica que le permite una mayor gama de opciones, a la hora de escoger en dónde y quién le brindará el servicio, y por lo tanto es quien tiene la decisión de dónde y con quién tratarse.

De Autoempleados a Empresarios

- El médico, como elemento catalizador, puede asumir varios roles, dependiendo de la forma de estructurar cada Centro en particular. Puede ser parte del capital humano, en calidad de trabajador, que hace uso de su experticia, habilidades y consume insumos y tecnología para poder brindar al paciente una solución al problema.

  Pero también, simultáneamente, y esto lo diferencia de los centros de salud públicos o caritativos, puede ser un accionista del Centro, que espera beneficios por su inversión, o incluso puede actuar como un proveedor externo, que asume una parte de los procesos de la empresa bajo un contrato específico.

  Anteriormente la manera como se realizaba el mercadeo era a través del paciente. La práctica habitual era que los pacientes recomendaran a los médicos. En la actualidad la tendencia es recomendar un centro de salud de alta reputación, en la cual el médico que trabaja allí por ende es confiable (Por ejemplo, Dr. "X" vs. Clínica Mayo).

- Los sistemas de acreditación, que son una manera de informar, tanto a los pacientes como a los médicos, en dónde se brinda un mejor servicio de salud. Por un lado, a través de un sistema de evaluación, se certifica que el centro de salud cumple con los requisitos necesarios para brindar una atención médica de calidad. Esto produce una acreditación la cual genera credibilidad, reputación y fama al centro.

  Dicha reputación se convierte en un incentivo o "driving force" que el paciente observa y lo ayuda en la elección del centro en donde tratarse. Por otro lado, los médicos buscan trabajar en centros prestigiosos ya que es un aval para que los pacientes acudan a los mismos, lo cual configura un cambio de visión, de la escogencia de un médico a la escogencia de un centro.

  Habitualmente los entes financiadores adoptan o siguen a los sistemas de acreditación. Pero como son los que financian a los pacientes, tienen el poder de dirigirlos hacia centros avalados por ellos.

Factores críticos de éxito en el manejo de un Centro de Salud Privado

Los Centros de Salud Privados, al depender fundamentalmente de su escogencia por el cliente, se ven impactados por los cambios tecnológicos. Hoy en día, a la hora de escoger un Centro de Salud, el paciente tiene acceso, a través de Internet, a mucha mayor información que en el pasado. A través de las redes sociales se difunde también la información de la calidad del servicio de los diversos centros. Esto presiona a estas instituciones en la búsqueda de fortalecer su prestigio y hacerlos preferidos para el segmento de mercado donde desean desarrollarse.

Por otra parte la situación económica de los países y las regulaciones gubernamentales propician una mayor intervención del Estado en el funcionamiento de dichos centros, creándose a la vez amenazas y oportunidades. El manejo eficaz y eficiente del Centro de Salud Privado se vuelve un imperativo.

Existen tres factores críticos para el éxito de un Centro de Salud Privado: la calidad y seguridad de los servicios, la obtención, preparación y compromiso del personal, y la planificación estratégica y el control financiero de la institución

---

De allí que existan tres factores críticos, que debemos considerar, para el éxito de un Centro de Salud Privado:

1. La calidad y seguridad de los servicios de salud suministrados al paciente para asegurar su fidelización. Esto incluye la escogencia de los sectores y mercados a los cuales quiere dirigir su servicio y la detección y satisfacción de las expectativas y necesidades de esos sectores.
2. La obtención, preparación y el compromiso del personal requerido para su funcionamiento, ya que sin personal motivado y preparado difícilmente habrán clientes satisfechos. Una de las tendencias actuales es la creación de una cultura de trabajo centrada en el paciente.

3. La planificación estratégica y el control financiero de la institución, que incluye el aseguramiento del flujo de caja necesario, la previsión de los recursos financieros para garantizar el suministro continuo de insumos y medicamentos, el mantenimiento óptimo de equipos, infraestructura y adiestramiento del personal, y el financiamiento requerido para las nuevas inversiones. Su objetivo es un manejo eficiente de los recursos para garantizar la sostenibilidad y perdurabilidad en el tiempo.

Todos estos elementos dependen a su vez del rumbo que sus directivos deseen escoger y de la factibilidad de real de poder hacerlo. En estas condiciones la Planificación Estratégica pasa a ser un elemento fundamental en el éxito o fracaso de la empresa. El problema no se reduce a hacerla, sino también a la manera como se hace.

No todas las formas de hacer Planificación Estratégica conducen a los resultados deseados, de la misma forma que no todos los tratamientos curan al paciente.

Las técnicas utilizadas en la formulación de las estrategias son decisivas en la calidad del plan estratégico. La adopción de las técnicas más avanzadas y su adecuación al tipo de empresa, incrementan drásticamente las probabilidades de éxito.

Capítulo II

Estrategia y Planificación Estratégica

Qué es estrategia

La palabra estrategia proviene de la antigua Grecia. Strategos era el general y estrategia lo que el general hacía para ganar una batalla. Su introducción en el vocabulario empresarial data de los años 50, cuando el crecimiento acelerado de las grandes empresas, una vez finalizada la Segunda Guerra Mundial, las obligó a dedicar a un grupo de personas que, fuera de las urgencias del día a día, pudieran planificar el futuro crecimiento de la empresa.

En un principio se utilizó el concepto de estrategia como sinónimo de medios para alcanzar objetivos. Teniendo las empresas el dominio del mercado el problema no era establecer objetivos, sino como alcanzarlos. Hoy en día todavía prevalece este concepto en una gran cantidad de empresarios y es útil cuando los objetivos son fácilmente identificables, ya sea porque están determinados por la voluntad de los accionistas (por ejemplo porque tengan un sueño que quieren realizar), o porque el propio entorno los imponga, como en el caso de los Centros de Salud Públicos que deben atender al crecimiento poblacional.

En este caso, estrategia pasa a ser las acciones o actividades que se realizan deliberadamente de manera planificada y metodológica, luego conocer o analizar las cualidades y carencias de lo que queremos acometer y su entorno para mantener, preservar, nutrir y hacer crecer o sostener a través del tiempo o en su defecto cambiar lo que estamos estudiando.

Desde el punto de vista empresarial son todas aquellas actividades necesarias para lograr los objetivos previamente expuestos, luego de conocer qué queremos hacer (plan de negocio), nuestra razón de ser (misión) y hacia donde queremos ir (visión).

De Autoempleados a Empresarios

Este concepto no solo aplica a empresas sino a personas. Lo importante del mismo es que son acciones que se van a tomar luego de haber realizado un estudio de lo que queremos lograr. Las mismas no son al azar, sino deben coordinadas y tener coherencia con lo estudiado y poseen un sentido de dirección. Al realizarlas, nos hace llegar hacia un punto o lugar previamente visualizado, o soñado.

No obstante el problema se plantea diferente cuando operamos en entornos volátiles, inciertos y cambiantes. Esto fue lo que le ocurrió a la mayoría de las empresas privadas a partir de los años 70´s.

La aceleración de los cambios en el entorno, especialmente en el área tecnológica con la comunicación satelital, el desarrollo de la informática, el abaratamiento de las computadoras y la aparición del Internet, propició la entrada de nuevos competidores a nivel mundial, especialmente de empresas asiáticas como Toyota y electrónicas como Sony y Samsung.

Estos mismos cambios, a su vez, condujeron al fenómeno de la globalización y al desarrollo de nuevas tendencias económicas, políticas y sociales. En el campo empresarial los directivos notaban que los objetivos establecidos, siguiendo el sistema tradicional de planificación estratégica, rápidamente perdían vigencia ante la aceleración de los cambios en el entorno, por lo cual fue necesario desarrollar nuevos conceptos y técnicas para mantener la competitividad de las empresas.

Consultores como Henderson (fundador del Boston Consulting Group) y académicos como Michael Porter dieron una gran contribución en una más avanzada conceptualización de lo que era estrategia, para crear herramientas que permitieran a los directivos de empresas enfrentar mejor las nuevas realidades. De medios para conseguir objetivos, la estrategia se concibe modernamente como la creación de la posición más valiosa y sustentable posible de la empresa en el mercado.

Así comienzan a aparecer nuevos conceptos como los de de ventajas competitivas, visión, propuesta de valor al cliente, características distintivas de competitividad, factores de atractividad de mercados, factores de fortaleza de negocios, que veremos más tarde.

De medios para conseguir objetivos, la estrategia se concibe modernamente como la creación de la posición más valiosa y sustentable posible de la empresa en el mercado

¿Qué significa crear la posición más valiosa y sustentable posible en el mercado? El posicionamiento de una empresa depende esencialmente de dos cosas: la primera es aprovechar las mejores oportunidades en los mercados más atractivos para los accionistas del Centro de Salud Privado. La segunda es aportar mayor valor a los clientes, en los servicios de salud suministrados, para hacerlos preferidos por ellos.

¿Pero...qué es el mercado? El mercado, en nuestro caso, está constituido por el entorno o región en donde queremos crear (o donde ya opera) nuestro Centro y específicamente el grupo de pacientes, o clientes, a los que pretendemos prestarles, o venderles, servicios de salud.

La escogencia del mercado depende del retorno buscado por los accionistas del Centro, al aportar sus recursos (dinero, tiempo, equipos) a la empresa. Puede ser económico y de otra índole, tal como prestigio, ayuda a la comunidad, crecimiento, etc..

Puede hacerse utilizando diversos criterios: por ejemplo, en función de la extensión geográfica: si queremos ser un Centro a nivel local, nacional o incluso internacional. También por grupos de edad: si queremos ser, por ejemplo, un Centro de atención a niños, adulto o a ancianos. O por tipo de enfermedades: si queremos ser un Centro especializado en diabetología o en oncología.

Definidos los criterios de escogencia, debemos preguntarnos: ¿estamos actuando en los mercados que ofrecen mejores oportunidades para nuestros fines o podríamos abarcar nuevos mercados? Si decidimos aprovechar oportunidades que mejoren los beneficios esperados por los accionistas estaremos mejorando el posicionamiento del Centro.

De Autoempleados a Empresarios

Por otra parte, cuando actuamos en los mercados que hemos escogido, ¿Cómo valoran los "clientes" (los nuestros (actuales, potenciales) o los que acuden a otros Centros de Salud) nuestros servicios de salud, en comparación con las otras opciones disponibles? En la medida que aportemos servicios de salud más valiosos para ellos, aumentara la fidelidad de nuestros clientes actuales y atraeremos nuevos clientes en ese mercado. Eso mejorará nuestro posicionamiento.

En el siglo pasado, cuando se avanzó en la conceptualización de la planificación estratégica, se determinó que para que los objetivos tuvieran utilidad práctica debían poseer al menos cinco características: ser relevantes, específicos, medibles, alcanzables y rastreables (más adelante profundizaremos en esto).

En la concepción moderna, la estrategia, a diferencia de los objetivos, indica un sentido de dirección a más largo plazo, es menos específica y no es medible. Por ejemplo, un hospital puede tener como estrategia tener equipos de última generación para estar en la vanguardia de la tecnología y así tener mayor precisión y menores riesgos al tratar al paciente, tanto en el diagnóstico como en una intervención quirúrgica.

Un objetivo dentro de esta estrategia podría ser adquirir el robot Da Vinci. Al alcanzar este objetivo no se agota la estrategia, ya que surgirán nuevos equipos. No obstante la posesión de ese robot le permite un mejor posicionamiento en el mercado, ya que muchos clientes optarán por operarse en ese hospital, por el valor percibido en el servicio de intervención quirúrgica.

A su vez este posicionamiento tendrá una sustentabilidad, al menos por un período de tiempo, ya que cualquier otro hospital, que quiera imitarlo, tendrá que comenzar por adquirir el robot, adiestrar al personal en su operación y mantenimiento y luego desarrollar una experticia en su uso.

> **En el concepto moderno, el foco de la planificación estratégica se centra, no en cómo alcanzar objetivos, sino más bien en qué estrategias seguir para lograr el mejor posicionamiento valioso y sustentable posible para la empresa y cuáles objetivos establecer en virtud de esas estrategias**

De esta manera, en el concepto moderno, el foco de la planificación estratégica se centra, no en cómo alcanzar objetivos, sino más bien en qué estrategias seguir para lograr el mejor posicionamiento valioso y sustentable posible para la empresa y cuáles objetivos establecer en virtud de esas estrategias. Hay que tener en cuenta que el mismo dinamismo del entorno nos obligará a cambiar frecuentemente de objetivos, por lo cual el proceso debe hacerse de una manera ágil y asertiva. Las nuevas reglas de juego deben tener en cuenta la perdurabilidad, la sostenibilidad y la flexibilidad al cambio.

¿Por qué es importante la planificación estratégica para los profesionales que dirigen los Centros Privados de Salud?

El mundo de hoy es totalmente diferente al mundo que vivíamos hace 50 años. En Latinoamérica muchos de los Centros Privados de Salud, que se formaron en la década de los 70, provenían de un crecimiento, la mayoría de las veces desorganizado, de unidades médicas constituidas por un grupo de profesionales emprendedores.

En su momento fueron exitosos debido a la debilidad imperante en los sistemas públicos de salud. Esto los hacía ser la única alternativa que tenía el paciente, con capacidad de pago, para recibir un servicio de salud de manera adecuada.

Debido al aumento del volumen de pacientes, en muchas ocasiones, fueron creciendo de manera no organizada para dar la mejor respuesta a la demanda creciente.

A finales de los años 90, el boom de la revolución tecnológica, el mejoramiento de los sistemas públicos de salud, la diseminación de los conceptos de calidad de atención, la puesta en tapete del tema de seguridad del paciente y los incrementos progresivos del gasto en salud, dieron un vuelco a la concepción los servicios de salud.

Se inicia la implementación de marcos regulatorios rigurosos para la construcción y gestión de centros de salud. A partir del año 2000 surgen los indicadores de calidad y seguridad de atención y los organismos acreditadores comienzan a evaluar y llevar estadísticas de los centros de salud.

La eficiencia es un tema que está en el tapete de toda gestión en salud, y gracias al internet el paciente, o usuario, tiene acceso a la información para conocer cuál es el mejor centro de salud inclusive por patologías o enfermedades.

El tiempo de crear y conducir un centro de salud de una manera aleatoria quedó en el pasado. Se necesita más que un grupo de médicos emprendedores, con buenas ideas, para gestionar un centro de salud capaz de brindar un servicio competitivo, de calidad, seguro, rentable y que además perdure en el tiempo

---

Todo lo anterior hace que exista una gran competitividad en el sector salud. El inicio, crecimiento y sostenibilidad a través del tiempo de un centro de salud sea un evento panificado. Ya el tiempo de crear y conducir un centro de salud de una manera aleatoria quedó en el pasado. Se necesita más que un grupo de médicos emprendedores, con buenas ideas, para gestionar un centro de salud capaz de brindar un servicio competitivo, de calidad, seguro, rentable y que además perdure en el tiempo.

Debido al avance tecnológico y de comunicaciones, los cambios suceden más rápido, y por ende debe incrementarse la capacidad de adaptación al mismo.

Aplicando la analogía del cuerpo humano, anteriormente no podíamos conocer la anatomía y la fisiología de una empresa tal como lo podemos hacer en la actualidad. En consecuencia nuestra capacidad de comprensión y aplicación de correctivos era muy vaga.

Factores secundarios que influyen en los factores críticos

Como hemos mencionado en el capítulo anterior, los tres factores críticos de éxito de un Centro de Salud Privado, están constituidos por: la calidad y seguridad de los servicios de salud suministrados al paciente, la obtención, preparación y el compromiso del personal requerido para su funcionamiento y la planificación y el control financiero de la institución.

Estos factores a su vez dependen de una multiplicidad de factores secundarios que influyen en la fidelización y crecimiento de su clientela, debido a la calidad de servicios que reciben, la rentabilidad adecuada a sus accionistas, para sobrevivir y desarrollar la potencialidad del Centro y la capacitación, motivación y compromiso de su personal.

Estos factores secundarios deben ser identificados y conocidos por el personal directivo que determina el rumbo de la organización. Algunos de ellos pertenecen al entorno del Centro, tales como las necesidades y expectativas de los clientes, la capacidad de los proveedores, la calidad y disponibilidad de los insumos, la competencia, las políticas y regulaciones gubernamentales, las fuentes de financiamiento, etc..

Otros son internos del mismo Centro, tales como la infraestructura y equipos, los procesos que sigue, la capacitación y motivación del personal, la alineación misma de sus directivos, etc..

De allí la importancia de conocer esos factores, la forma cómo interactúan y su influencia en los resultados finales de la empresa, así como también la posible evolución de los mismos dependiendo de los escenarios que se presenten en el entorno.

Para qué sirve la Planificación Estratégica

El ejercicio de planificación estratégica es esencial en cinco aspectos fundamentales:

1. Uniformar e integrar el conocimiento que tienen los directivos acerca de la importancia, interrelación e influencia de estos factores. Esto es, crear un "Mapa Estratégico" compartido del Centro de Salud.
2. Entender y profundizar cómo funciona el Centro en la actualidad, sus ventajas y problemas y las oportunidades y amenazas actuales.
3. Explorar el futuro para identificar diferentes escenarios relevantes para el Centro de Salud y las oportunidades y amenazas que se presentan en cada uno.
4. Analizar y alinear al personal directivo en cuanto a las posibles estrategias que se pueden seguir para posicionar al Centro en los mercados más atractivos para sus accionistas y maximizar el posicionamiento de la misma en los clientes de esos mercados.
5. Formular un plan estratégico que ataque los "pocos vitales factores" que permiten el mejor posicionamiento, valioso y sustentable, posible, del Centro, en los mercados de su preferencia, y que a la vez, sea fácil de transmitir al resto del personal, para lograr su participación en la implantación.

> **Aunque el plan es importante, el mayor beneficio del ejercicio de planificación estratégica viene dado por el cambio de la mentalidad de los directivos en la manera de gestionar y orientar el rumbo de la empresa, estimulando la creatividad y la innovación, el trabajo en equipo y desarrollando la capacidad de anticipación y respuestas, a los cambios del entorno**

Aunque el plan es importante, el mayor beneficio del ejercicio de planificación estratégica viene dado por el cambio de la mentalidad de los directivos en la manera de gestionar y orientar el rumbo de la empresa, estimulando la creatividad y la innovación, el trabajo en equipo y desarrollando la capacidad de anticipación y respuestas, a los cambios del entorno.

Caso de Estudio: La creación de un Centro de Salud Privado

Tomemos el ejemplo ficticio del "Centro de Otorrinolaringología Respirar". Este Centro fue creado por tres socios médicos especializados en otorrinolaringología, que habían sido compañeros de estudios y buenos amigos. ¿Qué los motivo a hacerlo?

Después de varios años de ejercicio profesional cada uno de sus fundadores había estado en diversos ambientes. Uno de ellos había comprado una acción, o participación, en una clínica privada, lo que le permitía ejercer su profesión en un consultorio, y usar el área quirúrgica, sujeto a las reglamentaciones y procedimientos de la clínica. Otra había tomado un puesto en los servicios de salud de una alcaldía grande. El tercero había ingresado en un hospital público. Fue el fundador del Servicio de Otorrinolaringología de dicho centro, y simultáneamente se desempeñaba como profesor en una prestigiosa escuela de medicina, formando futuros médicos en su especialidad.

En los encuentros sociales periódicos que solían tener, comentaban sus insatisfacciones con las condiciones bajo las cuales estaban laborando. Uno de ellos sólo tenía un turno quirúrgico una tarde y le crecía la demanda de pacientes a ser intervenidos. Los procedimientos burocráticos interferían con un buen ejercicio de la profesión. Otra de las socias sentía que había llegado al máximo puesto que podía aspirar en esa Alcaldía y se sentía limitada. El tercero de ellos, el más emprendedor, consideraba que habiendo sido buenos profesionales y preocupados por su actualización, gozaban de prestigio suficiente para intentar abrirse camino por su cuenta.

Para ello, alquilaron un consultorio en un grupo de especialidades, y contrataron a una secretaria que había trabajado con uno de ellos para que le llevara el control de citas y recibiera los pagos. En dicho consultorio comenzaron a dedicar una mañana y una tarde a la semana para "probar suerte".

Decidieron que si salía un caso quirúrgico, lo podrían operar en la clínica privada, donde tenía participación uno de los socios, entrando los segundos como ayudantes. A los pocos meses de esta aventura, no tenían el tiempo, ni la disponibilidad, de atender todos los pacientes que llegaban.

Comenzaron a darse cuenta que tendrían que dedicarle más tiempo a la consulta, y eso significaba que debían sacar ese tiempo de los trabajos formales, lo que significaba salir de su "zona de confort" para dedicarle más tiempo a lo que denominaron "su sueño"

El detonante vino cuando un cliente agradecido, que trabajaba en el mundo financiero, le preguntó a uno de ellos por qué no poseían su propia clínica y le ofreció apoyarlos en la obtención de los préstamos requeridos para desarrollar el proyecto. Los tres amigos, habiendo observado el éxito de su aventura, se pusieron de acuerdo para aprovechar esa oportunidad. Dicho proyecto lo denominaron "Unidad de Otorrinolaringología Respirar".

Para desarrollarlo, decidieron rentar un inmueble muy bien ubicado, en el área metropolitana, que además contaba con un amplio estacionamiento, detalle que uno de los socios había observado cómo el "talón de Aquiles" del sitio donde trabajaba anteriormente. Otro de los socios, también había observado que en una de las mayores molestias de los pacientes eran las largas horas de espera, ya que la secretaria los anotaba "por orden de llegada", cosa de la cual muchos médicos no se daban cuenta, por estar inmersos en su consultorio.

Por estas razones decidieron establecer un sistema de citas, mediante una hoja de cálculo, que diseñó un pasante de informática del hospital donde trabajaba uno de los socios, logrando que los pacientes esperaran menos de media hora para ser atendidos, y crearon una metodología de adiestramiento a la secretaria administrativa, que entraba en contacto con los pacientes, para suministrar una buena atención. A esto se unió la adquisición de equipos de última generación para los consultorios. Cada uno de los socios se comprometió en dedicarle más tiempo a la Unidad, que de "sueño" pasó ser el "futuro".

El resultado fue extraordinario. Rápidamente la Unidad adquirió una fuerte clientela y los socios se sentían contentos, tanto del volumen de pacientes atendidos, como de las ganancias percibidas. Sin embargo, comenzaron a tener problemas cuando se incrementaron los pacientes que requerían intervención quirúrgica, los cuales eran referidos a la Clínica donde trabajaba uno de los socios, formándose un cuello de botella, ya que allí sólo le permitieron incrementar un turno quirúrgico más, que a todas luces era insuficiente.

Además había trabas para que los otros dos socios pudieran participar en las intervenciones quirúrgicas. El resto de los accionistas de la Clínica, al ver que estaban ocupando los turnos quirúrgicos, tomaron la decisión de que si querían seguir operando, deberían adquirir una participación en la clínica.

En ese punto, un viernes por la tarde, cerrando las consultas, coincidieron los tres socios y comentaron lo bien que les estaba yendo, pero el problema que representaba no poder operar a tiempo a sus pacientes y la traba recién impuesta por la Clínica. Uno de ellos se preguntó: ¿Por qué no tener nuestra propia área quirúrgica? Esa pregunta fue como un chispazo que generó otras interrogantes: ¿No deberíamos incorporar otros servicios y así formar un Centro de Otorrinolaringología? ¿Hay otras especialidades que podríamos agregar?

Estas inquietudes, eran compartidas por los tres socios, pero realmente no tenían una idea clara de cómo abordar el problema. Otro médico amigo de los emprendedores, que había ya transitado por ese camino y experimentado en carne propia que no era posible hacerlo sin una metodología, les recomendó utilizar los servicios de un equipo de consultoría en planificación estratégica.

De esta manera, sin estar muy convencidos, decidieron hacer contacto con dicho equipo para obtener información acerca de cómo realizar el ejercicio, ya que todavía tenían dudas acerca de qué era eso, en qué consistía, y qué beneficios podría traerles.

El equipo consultor, en una reunión inicial, luego de realizarles preguntas básicas tales como, que volumen de paciente están atendiendo, cuales son los diagnósticos más frecuentes que están realizando, cuales son las trabas o "cuellos de botella" que han detectado en la actualidad, les comentó que fundamentalmente su trabajo sería ayudarlos, mediante un ejercicio metodológico, en concebir el centro de salud como una empresa.

También le explicaron que aún cuando ellos habían desarrollado un buen proyecto, y alcanzado unos resultados favorables, de cara al futuro tenían que enfocar su emprendimiento como un negocio; vale decir que brindando un buen servicio de salud. El mismo debía generar rentabilidad y mantenerse en el tiempo.

Para ello era necesario tomar decisiones importantes, siendo la primera discutir si querían conformarse sólo con la apertura del área quirúrgica, o por el contrario desarrollarse y crecer al máximo del potencial del Centro.

El ejercicio fundamentalmente se hacía en dos fases: en la primera se construía el Mapa Estratégico del Centro de Salud, para obtener una visión común e integrada de todos los socios, y del personal directivo clave. En la segunda, se hacía una jornada de "Alineación Estratégica", siguiendo un proceso al que se denomina: "proceso estratégico", el cual probablemente no tardaría más de un día y definiría el curso de acción a seguir, plasmado en un plan estratégico.

Lo anterior, aunque pudiera parecer algo complicado, en realidad no lo era, pero se requería seguir una serie de pasos para lograr el resultado deseado. De esta manera todos las personas involucradas o relacionadas con la futura empresa tendrán la información que los guiaría y sabrían lo que tienen que hacer y lo que no, para lograrlo.

Es arriesgado tomar este tipo de decisiones sin un análisis previo, con todos los elementos requeridos. Sería como recetar a un paciente sólo con la sintomatología, sin haberlo examinado y/o haber ordenado los exámenes complementarios requeridos. Los beneficios de ese análisis se reflejarían en un aumento del conocimiento del negocio por parte de directivos y socios, pero además en el desarrollo de la capacidad de anticipación e innovación de todos los participantes.

Capítulo III

Los elementos esenciales para planificar estratégicamente un Centro de Salud Privado: el "Mapa Estratégico" y el "Proceso Estratégico"

Los dos elementos esenciales para planificar estratégicamente son: la elaboración del "Mapa Estratégico del centro de Salud" y la alineación de los directivos siguiendo el proceso estratégico. Haciendo un símil con la labor del médico, para tratar adecuadamente a un paciente es importante tener la base anatómica y fisiológica del cuerpo humano. En las empresas esto significa analizar, de forma sistémica, cómo está constituida y como es la interrelación entre sus diversas partes.

Una empresa, al igual que el cuerpo humano, es un sistema que cumple una finalidad dentro de un sistema mayor, que es el medio ambiente donde interactúa. Siendo el Centro de Salud un sistema complejo es conveniente construir un "mapa" (anatómico) de ese sistema donde podamos representar los elementos más relevantes del mismo y sus interrelaciones (fisiología), para poder controlar esa realidad compleja. A eso le denominamos el "Mapa Estratégico del Centro de Salud".

Por otra parte, para tratar al paciente el médico sigue una serie de pasos o procesos: tomar los datos y la historia clínica del paciente, realizar un examen físico, apoyarse en los exámenes paraclínicos, efectuar un diagnóstico, indicar un tratamiento, y hacer un seguimiento de la evolución del paciente.

De igual manera en el proceso estratégico primero hacemos un análisis de la situación de la empresa en la actualidad. Luego se efectúa un diagnóstico de su posicionamiento, se examinan las ventajas y problemas actuales, se analizan las posibilidades futuras, tomando en cuenta diversos escenarios, se deciden las estrategias a seguir y finalmente se formula el plan estratégico.

El mapa estratégico del Centro de Salud

El "Mapa Estratégico" es un modelo que se deriva de una concepción sistémica de la empresa. Se fundamenta en el Enfoque Sistémico de Empresas e Instituciones, el cual concibe a cualquier organización como un sistema destinado a satisfacer un conjunto de necesidades y expectativas de un público, al que llamaremos "clientes", a través del suministro de bienes y servicios que satisfagan o excedan dichas expectativas. En una acepción amplia, el término comprende lo que en inglés se denomina "stakeholders": accionistas, socios, consumidores, trabajadores vistos como un conjunto, comunidad, estado, etc.

Una empresa, al igual que el cuerpo humano, es un sistema que cumple una finalidad dentro de un sistema mayor, que es el medio ambiente donde interactúa. Siendo un sistema complejo es conveniente construir un "mapa" de ese sistema, para poder controlar esa realidad compleja

---

Su fuerza radica en la visualización que hace de la empresa como un sistema, que a su vez forma parte de un sistema mayor. De este sistema mayor obtiene insumos, que transforma en productos y servicios, para satisfacer expectativas y necesidades de los diferentes "clientes".

También ese sistema mayor es influido por un entorno que cambia continuamente y con el cual debe mantener ciertos equilibrios para sobrevivir y progresar.

Un modelo es una representación gráfica que nos permite visualizar una realidad compleja, de una manera tal que simplificamos u obviamos los elementos menos importantes de esa realidad, para destacar aquellos, que por su relevancia, permiten interpretar mejor lo que necesitamos conocer, para alcanzar un determinado fin.

Cuando por ejemplo hacemos un mapa de una ciudad, representamos sus calles y avenidas con la finalidad de poder llegar a un determinado sitio.

Dependiendo de nuestras necesidades podemos agregar más elementos (como por ejemplo las rutas de autobuses o del metro) haciendo el modelo más complejo, pero también más útil. No existen modelos buenos o malos, sino útiles o inútiles y podemos representar una misma realidad con diferentes modelos, según sean nuestros objetivos.

El Mapa Estratégico para un Centro de Salud Privado

Un Centro de Salud Privado es una empresa que existe para satisfacer las expectativas y necesidades de un determinado segmento de pacientes, en un área de salud específica (por ejemplo: otorrinolaringología) mediante el suministro de una serie de servicios de salud (por ejemplo: consulta externa, emergencia, cirugía, hospitalización), con ciertas características básicas de calidad y distintivas de competitividad (por ejemplo: accesibilidad por parte del paciente, limpieza y pulcritud, confianza en los médicos, calidad de servicios), que los pacientes valoren, por encima de otros servicios de salud de los competidores, y por esa razón elijan ir a ese Centro y no a otro.

Para generar las características distintivas de competitividad que lo distingan de la competencia, debe poseer y utilizar ciertas ventajas (por ejemplo: ubicación, prestigio, etc.)
Los elementos básicos de un "Mapa Estratégico", para un Centro de Salud Privado se muestran a continuación:

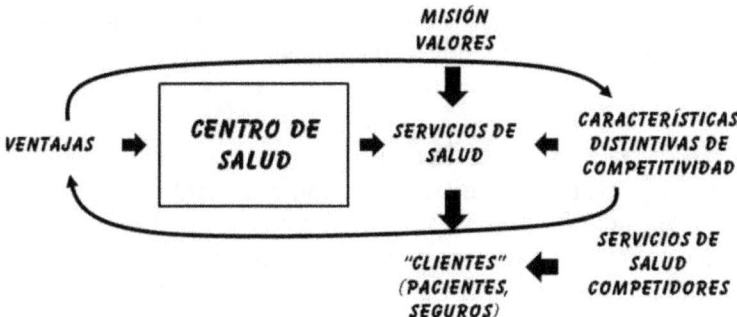

En este momento es conveniente definir algunos términos.

Mercados

Primero lo que denominamos mercado: es aquel espacio donde se interrelacionan una serie de actores para adquirir o intercambiar productos y servicios. En nuestro caso podríamos delimitarlo a nuestra área de influencia o donde queremos realizar nuestro proyecto. Por ejemplo: una determinada zona geográfica como una ciudad, o a un grupo de población específica como los niños o adolescentes.

"Clientes" ("Stakeholders")

Por clientes vamos a entender a todos los entes externos que reciben productos o servicios de la empresa o tienen algún interés en la misma. Todo Centro de Salud Privado debe considerar dos clientes principales: Los pacientes y los financiadores que pagan por sus servicios.

Sin embargo no son los únicos importantes. Los accionistas que arriesgan su capital son a su vez "clientes" de la empresa ya que reciben beneficios de la misma. Igualmente los médicos y demás trabajadores que reciben compensación y beneficios.

También existen otras categorías de clientes que debemos considerar, tales como: autoridades gubernamentales que reciben aportes como impuestos, o información como el Ministerio o Secretaría del Trabajo. También están las Instituciones no gubernamentales que reciben aportes e información de la empresa (ej.: universidades, instituciones de beneficencia, etc.) y la comunidad misma, especialmente en las áreas de operación de la empresa.

Expectativas y necesidades

Luego es importante definir lo que son expectativas y necesidades, que es lo que los clientes o potenciales usuarios de tu Centro están buscando, solicitando (de manera consciente o inconsciente), y a las que el mercado todavía no ha logrado dar respuesta o satisfacer adecuadamente. Cada una de las categorías de "clientes" tienen una serie de expectativas y necesidades, que esperan sean cubiertas por el Centro y que es importante detectar.

Servicios de Salud Competidores

Son las alternativas que tienen los pacientes del segmento de mercado al que estamos llegando, y por consiguiente nuestros competidores directos.

Servicios de Salud

Es lo que entregamos al paciente para satisfacer sus expectativas y necesidades. Pueden ser tangibles, como por ejemplo una intervención quirúrgica o una medicina, o intangibles como sería el trato (amabilidad, cordialidad, puntualidad, etc.) que le damos al paciente.

Características Básicas de Calidad

Un centro de salud, al prestar sus servicios, debe cumplir con una serie de regulaciones y protocolos para asegurar la salud del paciente. Esas características básicas de calidad, tales como limpieza de las instalaciones, asepsia de los quirófanos, suministro de medicinas que no estén vencidas, etc., deberían ser comunes para cualquier centro. El paciente da eso por descontado y no debería ser un factor determinante en el momento de elegir a un centro en lugar de otro.

Características Distintivas de Competitividad (CDC)

Sin embargo sabemos que a la hora de elegir entre varias opciones de centros de salud el paciente tomará en cuenta otras características o detalles que denominamos características distintivas de competitividad. Las características distintivas de competitividad (CDC) son los atributos del producto o servicio que el cliente aprecia, y que marca la diferenciación entre nuestros productos o servicios, de los productos y servicios de cualquier otra institución. ¿Qué tiene diferente a los demás? ¿Hay algo que nos distingue de ellos?

Las CDC son los atributos del producto o servicio que el cliente aprecia, y que marca la diferenciación de nuestros productos o servicios, de los productos y servicios de otras instituciones

---

Por ejemplo, la disponibilidad del servicio, la atención al paciente, la confianza que el paciente sienta en el médico o la institución, etc. La importancia de identificar este tipo de características es que marcan la diferencia en la forma como el paciente valora al Centro de Salud Privado y determina su preferencia. Es lo que determina cuán valioso es el posicionamiento del Centro.

Como veremos posteriormente la mejor manera de averiguar las CDC de nuestro Centro es preguntándoselo directamente a los propios pacientes.

Ventajas comparativas, competitivas y complementarias

Las características distintivas de competitividad (CDC), provienen, y son posibles, por las ventajas comparativas, competitivas o complementarias, que tenga o desarrolle el Centro de Salud.

Una ventaja es un atributo que posee la empresa, que le permite generar productos y/o servicios con determinadas características distintivas de competitividad que el "cliente" valora. ¿Por qué nuestro Centro lo puede hacer mejor que los otros?

Una ventaja es un atributo que posee la empresa, que le permite generar productos y/o servicios con determinadas CDC

Las ventajas pueden ser comparativas, competitivas o complementarias. Por **ventajas comparativas** vamos a entender, en este trabajo, aquéllas ventajas que tiene el Centro sin haber hecho nada para lograrlas, ya que generalmente vienen dadas por su ubicación misma en el país donde ópera o por su procedencia.

Por ejemplo, un Centro de Salud Privado ubicado en un territorio con buenas escuelas de medicina podrá adquirir más fácilmente personal capacitado.
Esta ventaja puede traducirse en una característica distintiva de competitividad como es la atención profesional al paciente por el personal que lo atiende.

Por **ventajas competitivas** vamos a entender aquellas ventajas que desarrolla la empresa en el transcurso de sus actividades. Estas ventajas pueden haber sido adquiridas o desarrolladas por la empresa intencionalmente, o sin intención. Cuando el Centro de Salud es planificado estratégicamente, se busca adquirir o desarrollar aquellas ventajas que nos van a permitir generar características distintivas de competitividad altamente valoradas por los pacientes, que lo distinga de otros centros.

Por ejemplo: contar con un estacionamiento amplio, producto del diseño, a o de los criterios de adquisición del local donde opera el Centro, constituye una ventaja que se traduce en una característica distintiva de competitividad, como lo es la facilidad de acceso para el paciente. Por otra parte, la experiencia y conocimientos del personal médico, adquirida y demostrada durante el tiempo, se traduce en una característica distintiva de competitividad, como lo es la confianza que le inspira al paciente.

Por **ventajas complementarias** vamos a entender aquellas que la empresa posee pero que no determinan una característica distintiva de competitividad en el segmento de mercado en el que el Centro de Salud quiere actuar, sino cuando se une con otro actor que posee otra ventaja que la complementa.

Esta unión puede venir por acuerdos temporales, por creación de nuevas empresas mixtas, por fusiones, o por "joint ventures".

Por ejemplo, cuando un hospital realiza una alianza estratégica con una cadena farmacéutica, para poder tomar las muestras de laboratorio en la farmacia y procesarlas en el hospital, adquiere una ventaja que se traduce en una característica distintiva de competitividad como lo es la mayor comodidad y rapidez de servicio al paciente.

Otro ejemplo son las asociaciones que hacen algunos hospitales con hoteles cercanos para hospedar a pacientes y familiares a tarifas preferenciales, antes y después de una intervención quirúrgica.

Las características distintivas de competitividad las aprecia el paciente quien, muchas veces ignora, o no se da cuenta, de cuáles son las ventajas que las originan.

> **Las características distintivas de competitividad las aprecia el paciente, quien muchas veces ignora, o no se da cuenta de cuáles son las ventajas que las originan**

Proveedores e insumos

Por proveedores vamos a entender los entes que suplen los insumos (medicinas, material médico quirúrgico, lencería y papelería, bombillos y repuestos varios, etc.), utilizados en los procesos y que son externos a la empresa (internamente en los procesos también existen proveedores y clientes internos). Los principales proveedores están constituidos por otras empresas, como en el caso de las droguerías, pero también pueden ser otros socios estratégicos de la empresa.

Valores

Son los principios que deben guiar la actuación de todo el personal que labora en el Centro. Constituyen la base de la cultura organizacional de la empresa.

Como veremos más adelante el comportamiento del personal puede pasar a ser una de las mayores ventajas competitivas de la empresa de salud y traducirse en características distintivas altamente valoradas por los clientes, como por ejemplo, el trato humanitario y la hospitalidad.

> **Los valores son los principios que deben guiar la actuación de todo el personal. El comportamiento del personal puede pasar a ser una de las mayores ventajas competitivas de la empresa de salud**

Misión

Es la razón de ser de la empresa, para lo que está en el mercado. La definición de la misión, cuando se hace con un sentido estratégico, es una pieza fundamental para alinear a los accionistas y directivos, y para hacer conocer a la empresa en los segmentos de mercados de su preferencia. Responde a la pregunta de ¿Para qué está el Centro en el mercado de salud?

Alineación Estratégica

Una empresa, como lo es un Centro de Salud Privado, habitualmente está constituida por varios accionistas que pueden tener visiones e intereses diferentes. De allí que para poder elaborar el Plan Estratégico es importante lograr una convergencia de ideas, o alineación de visiones, de todas aquellas personas que toman decisiones en la empresa, ya sea como accionistas, o como directivos actuando en nombre de los accionistas.

Para lograr esta alineación debemos seguir un proceso, que cumpla con tres finalidades: permitir a los directivos o accionistas explicitar y ordenar sus pensamientos respecto a la empresa, compartir información e ideas acerca del rumbo a tomar y establecer de común acuerdo una metodología que facilite y agilice la toma de decisiones, sobre un modelo común de la empresa.

El ejercicio de "alineación estratégica" pasa por dos etapas: la primera es la construcción del "Mapa Estratégico de la Empresa" para identificar e integrar la información relevante que propicie un análisis inteligente de la empresa.

La segunda es el análisis estratégico destinado a identificar las opciones que tiene la empresa para pasar de su posicionamiento actual al mejor posicionamiento valioso y sustentable posible que pueda alcanzar en el período de planificación.

El proceso estratégico para la formulación del plan

Así como el mapa estratégico nos da una visión de conjunto de los elementos más importantes que tiene una empresa, el proceso estratégico nos guía en los pasos que debemos seguir para establecer un plan estratégico con altas probabilidades de éxito.

Un proceso no es más que la agrupación de una serie de actividades que realizamos para obtener un determinado fin.

Un proceso no es más que la agrupación de una serie de actividades que realizamos para obtener un determinado fin

---

Éstas actividades se agrupan, por razones de conveniencia, en diversos procesos, que a su vez pueden agruparse en macro procesos, y a ese conjunto es a lo que llamamos genéricamente como proceso.

Para la formulación del plan estratégico el primer paso es construir el Mapa Estratégico particular de nuestra empresa y luego realizar el ejercicio de Alineación Estratégica siguiendo lo que llamaremos el proceso estratégico, para diferenciarlo de los demás procesos de la empresa. En este "proceso estratégico" podemos identificar diversos procesos, tales como: el análisis del posicionamiento actual, el diagnóstico de la situación interna del Centro, el análisis del entorno, la exploración del futuro, y otros que veremos con detenimiento posteriormente.

Caso de Estudio: El inicio de la Planificación Estratégica de un Centro de Salud Privado
Continuemos con nuestro ejemplo ficticio del "Centro de Otorrinolaringología Respirar".

Para el arranque del centro era necesario contar con una estructura inicial de recursos humanos: un administrador que se encargaría en una primera instancia de la parte administrativa y contable; y un especialista en Recursos Humanos encargado de gestionar los futuros ingresos de personal. A medida que fuera creciendo el mismo, se podrían diversificar las funciones.

El equipo consultor le solicitó a los tres socios que decidieran quienes deberían ser los participantes en la Jornada de Alineación Estratégica, sugiriéndoles que además de ellos participara el personal clave en la toma de decisiones. La decisión fue invitar a los Gerentes de Administración y Finanzas, y de Recursos Humanos, recién contratados.

Previo al comienzo del ejercicio todos los participantes asistieron a un "mini taller" para familiarizarlos con los conceptos y las metodologías que si van a seguir durante el ejercicio. De esta manera manejarían los mismos conceptos y conocerían las etapas a seguir, su importancia y su utilidad.

SEGUNDA PARTE

Análisis y Diagnóstico del Centro: El Mapa Estratégico y el Proceso Estratégico

Capítulo IV

La construcción del "Mapa Estratégico de la Empresa"

Para responder a los grandes desafíos que hoy presentan los entornos cambiantes y dinámicos de las empresas se requiere agilidad y asertividad en la toma de decisiones. Sin embargo esta agilidad y asertividad se ven frecuentemente saboteadas por largas e improductivas discusiones entre los directivos.

> **Para responder a los grandes desafíos de hoy se requiere agilidad y asertividad en la toma de decisiones. Sin embargo esta agilidad y asertividad se ven frecuentemente saboteadas por largas e improductivas discusiones entre los directivos**

Cuando se profundizan las causas por las cuales no se puede llegar fácilmente a la toma de decisiones de una manera ágil y asertiva nos conseguimos con dos causas raíces: la primera es que cada directivo tiene una concepción diferente de la misma empresa que depende en gran parte del ángulo en que la está observando. Por ejemplo, no es lo mismo cómo concibe la empresa el Director de Recursos Humanos, que como la conciben el Director de Finanzas, o el Director Médico. Cada uno de ellos tiene información diferente, percibe problemas diferentes, y por consiguiente tiene prioridades diferentes.

> **No es lo mismo cómo concibe la empresa el Director de Recursos Humanos, que como la conciben el Director de Finanzas, o el Director Médico. Cada uno de ellos tiene información diferente, percibe problemas diferentes, y por consiguiente tiene prioridades diferentes**

De igual manera, y esta es la segunda causa raíz de la ineficiencia en las discusiones, no siempre el directivo tiene un "mapa mental" estructurado de la información que posee, que le permita tener una mejor comprensión de cómo se dan las interrelaciones entre la empresa y el entorno, y entre los procesos internos de la empresa. El proceso de construcción del "Mapa Estratégico" particularizado para la empresa específica permite subsanar en gran parte estos dos problemas.

La construcción del Mapa Estratégico se hace en tres etapas: en la primera, un consultor experimentado entrevista a cada directivo y a los gerentes clave en la toma de decisiones, para ayudarlo a construir "su" Mapa Estratégico, utilizando el modelo genérico descrito anteriormente, a partir de la información que posee y de su percepción de la empresa.

En la entrevista se hacen preguntas tales como: ¿Para qué cree el que debe existir la empresa? ¿A qué segmentos del mercado debe dirigirse y por qué? ¿En qué segmentos del mercado de esta actuando actualmente? ¿Qué expectativas y necesidades está satisfaciendo en esos segmentos? ¿Cuál es su competencia? ¿Por qué sus clientes actuales la prefieren? ¿Por qué los clientes de la competencia prefieren a la competencia y no a nuestra empresa? Y otras similares.

Al ordenar las respuestas en el Mapa Estratégico genérico, el entrevistado tienen la oportunidad de ordenar su pensamiento de una manera sistémica y entender las diversas interrelaciones existentes, dentro y fuera de la empresa. La experiencia ha demostrado que esa es una gran ganancia, y muchas veces de la sola entrevista surge en para el directivo una gran cantidad de ideas, por las cuales no se había paseado.

Para ello el consultor escribe las respuestas del entrevistado en pequeñas hojas de papel adhesivo y las ordena en una mesa encima del esqueleto básico del mapa. De esta manera el entrevistado tienen la posibilidad de observar las relaciones principales que se generan en su Centro.

En una segunda etapa, una vez que tiene delante de sí "su" Mapa Estratégico, el entrevistado está en capacidad de aportar su opinión acerca de otros elementos complementarios al mapa, tales como: ¿Qué nuevas oportunidades en términos de clientes o servicios podríamos aprovechar en estos momentos? ¿Cuáles amenazas estamos confrontando en estos momentos? ¿Qué problemas recurrentes estamos teniendo con los diversos "clientes" (accionistas, pacientes, seguros, trabajadores, proveedores, entidades gubernamentales, etc.)?

Respondidas estas preguntas normalmente el consultor deja algunas interrogantes, para que el entrevistado las vaya pensando para el momento de realizar el ejercicio de Alineación Estratégica tales como: ¿Cómo utilizar nuestras ventajas actuales para aprovecharlas nuevas oportunidades?
¿Qué nuevas ventajas debemos adquirir y para qué? ¿Cómo contrarrestar las amenazas? ¿Qué podemos hacer para resolver los problemas recurrentes?

En una tercera etapa, el consultor agrupa las diversas respuestas obtenidas, según la afinidad de las mismas, y construye el "Mapa Estratégico" común, que servirá a todos los directivos para entender mejor, también de una manera sistémica e integrada, la compleja realidad de la empresa.

El principio de Pareto
Cuando el entrevistado responde a las preguntas es normal que surjan una gran cantidad de oportunidades, amenazas, ventajas y debilidades, algunas my relevantes y otras de poca importancia. Para no perderse en el análisis es necesario "filtrarlas", para focalizar la atención en las más importantes.

Es por eso que en las organizaciones modernas se utiliza el llamado principio de Pareto. Este principio fue enunciado por unos de los padres del movimiento de calidad moderno, Joseph Juran, quien lo denominó así en honor a un economista italiano de comienzos del siglo pasado.

De Autoempleados a Empresarios

El principio dice que el 20% de las causas produce el 80% de los efectos. Como corolario, debemos concentrarnos en ese 20%, que Juran denominó: "los pocos vitales", que serán responsables por el 80% de los resultados que deseamos, y no distraernos en el otro 80% de causas, que él denominó "los muchos triviales". En el mundo médico, es bien conocido este principio, ya que cerca del 20% de diagnósticos realizados en un centro de salud generan cerca del 80% de volumen de pacientes.

Al aplicar este principio a las oportunidades, amenazas, ventajas y debilidades identificadas, nos permite trabajar con un número de variables manejables por el grupo, que nos permitirán elaborar movimientos estratégicos más efectivos.

Los criterios para efectuar este filtro deben ser acordados por el grupo según sus intereses. Usualmente se hace una evaluación con base en tres o cuatro factores: impacto, riesgo, costo y facilidad de implementación.

De esta manera se escogerán, por ejemplo, las oportunidades que tengan mayor impacto, menor riesgo, menor costo y mayor facilidad de implementación. Sin embargo, dependiendo de nuevo de la tolerancia al riesgo y de el grado de ambición de los directivos, el peso relativo de cada uno de esos factores podrá variar y eso determinará cuáles serán las oportunidades seleccionadas.

Por ejemplo, si se trata de un grupo de accionistas con alta tolerancia al riesgo y con más ambición, figurarán primero las oportunidades de mayor impacto, quedando minimizados los demás factores.

Caso de Estudio: La construcción de un Mapa Estratégico

Continuando con nuestro ejemplo del "Centro de Otorrinolaringología Respirar", después del "mini taller" inicial, el equipo consultor programó una entrevista individual con cada uno de los participantes.

El objetivo de dicha entrevista era extraer la información relevante que el participante tuviera sobre el Centro y organizarla de forma sistémica, para que cada participante estructurara su mapa mental, del funcionamiento del mismo.

Cada entrevista se desarrolló en el salón de reuniones del Centro, donde el equipo consultor colocó un "Mapa Estratégico" genérico y comenzó a elaborar una serie de preguntas al entrevistado, anotando cada respuesta en una pequeña hoja de papel adhesivo, la cual colocaba en el sitio correspondiente en el mapa.

Al finalizar el entrevistado podía ver "su" mapa del Centro, los clientes que había identificado, los servicios que prestaba, las características distintivas de los servicios, las ventajas, etc.

La entrevista concluía preguntándole al entrevistado su opinión acerca de cuáles eran las principales oportunidades y amenazas que él veía en el entorno, y cuáles eran los problemas mayores que confrontaba el Centro y dejando unas preguntas para su reflexión.

Después de finalizar las entrevistas, con todos los participantes, el consultor procedió a agrupar las diversas respuestas, según su afinidad, y a agruparlas con títulos comunes que reflejaran lo expuesto por los diversos entrevistados. El resultado fue la identificación de los siguientes elementos del Mapa Estratégico:

<u>Valores:</u> Ética, Calor familiar al paciente, Diligencia

<u>Misión:</u> Proveer la atención médica más especializada y humana en el área de la otorrinolaringología (hay consenso en las entrevistas, pero no está escrita)

<u>Servicios de Salud:</u> Consultas programadas, Urgencias o consultas no programadas.

Clientes:
Pacientes asegurados y pacientes de clase media y alta sin seguro médico
Seguros Medikal, SaludIntegral, ProtecSalud.

Características Distintivas de Competitividad:
    Fácil accesibilidad y estacionamiento
    Médicos que inspiran confianza
    Atención puntual
    Tratamientos efectivos

Ventajas:
    Ubicación
    Amplio estacionamiento
    Especialistas con experiencia
    Sistema de adiestramiento en atención al paciente
    Cursos continuos de actualización a especialistas
    Equipos modernos

Servicios de Salud Competidores: Clínica Los Laureles, Hospital Concordia

Nuevas oportunidades:
    Abrir servicios de cirugía ambulatoria
    Extender horarios de atención a pacientes
    Hacer acuerdos con nuevas empresas de seguro
    Abrir un área para emergencias otorrinolaringológicas.

Amenazas:
    Escasez de insumos
    Regulaciones de tarifas
    Obtención de personal capacitado

Problemas recurrentes:
    Alta rotación de personal clave
    Sueldos desfasados con la inflación
    Fallas en controles administrativos

Con estos elementos pudo construir el Mapa Estratégico

Mapa Estratégico del
Centro de Otorrinolaringología Respirar

MISIÓN
Proveer la atención médica más especializada y
humana en el área de la otorrinolaringología

VALORES
Ética
Calor familiar al paciente
Diligencia

VENTAJAS
Ubicación
Amplio estacionamiento
Especialistas con experiencia
Sistema de adiestramiento
en atención al paciente
Cursos de actualización a
especialistas
Equipos modernos

CENTRO DE OTORRINOLARINGOLOGÍA RESPIRAR

SERVICIOS DE SALUD
Consulta
Externa
Urgencias

CDC
Fácil accesibilidad
y estacionamiento
Médicos que inspiran
confianza
Atención puntual
Tratamientos efectivos

"CLIENTES"
Pacientes asegurados
Pacientes de clase
media y alta sin seguro

Seguros Medikal C.A
SaludIntegral C.A.
ProtecSalud C.A.

SERVICIOS DE SALUD COMPETIDORES
Clinica Los Laureles
Hospital Concordia

Complemento del Mapa Estratégico

NUEVAS OPORTUNIDADES:
Abrir servicios de cirugía ambulatoria
Extender horarios de atención a pacientes
Hacer acuerdos con nuevas empresas de seguro
Abrir un área de emergencias de otorrinolaringología

VENTAJAS:
Ubicación
Amplio estacionamiento
Especialistas con experiencia
Sistema de adiestramiento en
atención al paciente
Cursos de actualización a
especialistas
Equipos modernos

PREGUNTAS ESTRATÉGICAS
¿Cómo utilizar nuestras ventajas
actuales para aprovecharlas nuevas
oportunidades?
¿Qué nuevas ventajas debemos
adquirir y para qué?
¿Cómo contrarrestar las amenazas?
¿Qué podemos hacer para resolver
los problemas recurrentes?

PROBLEMAS RECURRENTES:
Alta rotación de personal clave
Sueldos desfasados con la
inflación
Fallas en controles
administrativos

AMENAZAS:
Escasez de insumos
Regulaciones de tarifas
Obtención de personal capacitado

De Autoempleados a Empresarios

Capítulo V

El Proceso para elaborar el Plan Estratégico

El proceso para la elaboración del Plan Estratégico para un Centro de Salud Privado es similar a cuando una persona se siente motivada para realizar una actividad deportiva de alta competencia y acude a un médico especialista en Medicina Deportiva para que realice un diagnóstico de su estado actual, sus potencialidades y cómo poder sacar el máximo de su capacidad.

El proceso para lograr la mejor preparación posible, al igual que la elaboración de una historia médica tendrá varias etapas: la primera es el interrogatorio o una toma de conciencia de su situación actual: quién es, qué ventajas posee, qué quiere hacer y por qué.

La segunda es la escogencia del juego y del campo de juego: qué quiere jugar, dónde quiere jugar, por qué quiere jugar en ese campo, cuáles de las ventajas que posee le sirven y cuales necesita desarrollar.

En tercer lugar es analizar lo que está ocurriendo en ese juego, o sea el diagnóstico: con quien estamos compitiendo, qué estamos haciendo nosotros, que están haciendo en nuestros competidores, qué oportunidades se nos presentan, qué problemas confrontamos.

En cuarto lugar está la exploración o de lo que puede pasar en ese campo: qué ocurre si llueve, qué ocurre si hay sol radiante, cómo puede repercutir eso en su desempeño.

En quinto lugar está la identificación de las opciones para competir y la escogencia de las estrategias más prometedoras.
Por último, está establecer un plan de trabajo con objetivos medibles para llevar las estrategias a la práctica.

ALINEACIÓN ESTRATÉGICA

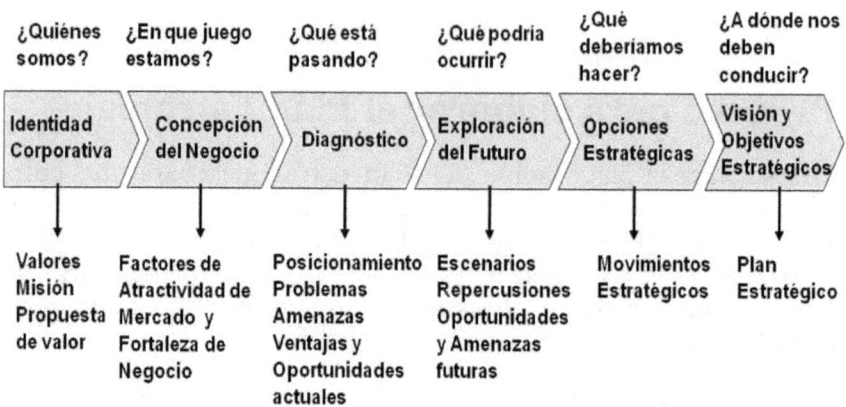

Definidas estas variables la persona está en capacidad de tomar conciencia lo qué quiere hacer y realizar para lograrlo.

Por supuesto, a diferencia de un ser humano que no es posible cambiar su estructura física; (por ejemplo la estatura si quiero jugar basketball profesional midiendo 1,70 m) en una empresa sí es posible reevaluar y modificar del plan y cambiar las condiciones internas, para una mejor adaptación a las condiciones del entorno. La empresa sería como la persona que quiere realizar la actividad deportiva en el ejemplo anterior.

En la práctica, la parte fundamental de este proceso se puede realizar durante una jornada denominada "Alineación Estratégica". Para la elaboración del "Mapa Estratégico" el consultor debe tener una entrevista previa, de aproximadamente una a dos horas, con cada uno de los directivos clave en la toma de decisiones del Centro. Como se mencionó anteriormente, en esta entrevista se extrae, de una manera sistémica, el conocimiento del participante y se estructura en el "Mapa Estratégico".

> **En la práctica, la parte fundamental de este proceso se puede realizar durante una jornada denominada "Alineación Estratégica". El Mapa Estratégico provee la misma información integrada de la empresa y un modelo común para entenderla, para los participantes, lo que repercute en una mayor eficiencia en las discusiones**

Esta entrevista previa no sólo es útil para construir el "Mapa Estratégico", que va a ser el eje en el ejercicio de alineación estratégica, sino porque además permite a cada participante estructurar su propio pensamiento y comprender a la empresa de una manera sistémica.

De esta manera todos los participantes tienen un modelo común de la empresa y la misma información básica e integrada, lo que repercute en una mayor eficiencia en las discusiones, al reducir las intervenciones sobre temas que ya están en el Mapa.

La experiencia indica que el ejercicio de Alineación Estratégica puede durar entre mediodía y dos días, dependiendo de la complejidad de la empresa y el número de participantes. Usualmente se recomienda que los participantes sean los miembros de la Junta Directiva y los gerentes clave del Centro.

En el inicio del ejercicio cada participante examina el mapa estratégico integrado y anota sus dudas. La sesión se inicia discutiendo estas dudas y aclarando cualquier otro aspecto, para evitar posteriormente discusiones inútiles. Luego comienza la discusión siguiendo el proceso estratégico.

Este proceso consta de varios sub procesos:.
1. ¿Quiénes somos y por qué existimos? La Identidad Corporativa actual
2. Concepción del Negocio
3. Diagnóstico de la situación actual.
4. Exploración del futuro y sus repercusiones en la empresa.
5. Opciones estratégicas y Movimientos Estratégicos.

6. Visión y Objetivos Estratégicos. Formulación del Plan Estratégico y revisión de la Identidad Corporativa.

Caso de Estudio: El inicio de la Jornada de Alineación Estratégica

Los tres socios y los gerentes clave del "Centro de Otorrinolaringología Respirar", decidieron realizar la Jornada de Alineación Estratégica un día sábado, para evitar ser interrumpidos por la actividad diaria del Centro.

Antes del inicio de la sesión el equipo consultor pegó en la pared del salón de conferencias los resultados de la agrupación de todas las respuestas individuales y el Mapa Estratégico resultante.

La sesión se inició con un recorrido que hizo cada participante, observando en silencio las opiniones emitidas por los otros compañeros, la síntesis efectuada por el equipo consultor y tomando nota de las dudas y observaciones que le surgían.

El equipo consultor propuso la siguiente agenda para la reunión:
1. Observaciones y dudas al Mapa Estratégico
2. Identidad Corporativa
3. Concepción del negocio actual
4. Diagnóstico
5. Escenarios
6. Opciones Estratégicas y Movimientos Estratégicos
7. Objetivos Estratégicos. Revisión y redefinición de la identidad corporativa
8. Plan estratégico
Todos los participantes estuvieron de acuerdo con la agenda.

A continuación, se abrió una sesión para aclarar las dudas y para validar el Mapa Estratégico del Centro, que serviría de base para el resto de la Jornada.

Capítulo VI

¿Quiénes somos y por qué existimos? La Identidad Corporativa

Los accionistas y directivos de un Centro de Salud Privado comparten con los accionistas y directivos de cualquier empresa privada, cuatro preguntas básicas, que todo emprendedor debe formularse: ¿Por qué queremos tener una empresa en el área de salud? ¿En qué competir? ¿Dónde competir? Y la más importante ¿Cómo ganar?

¿Por qué tener una empresa privada en el área de salud?

El caso más frecuente, en los Centro de Salud Privados, es que la empresa sea fundada por profesionales de la salud, generalmente médicos, y la razón fundamental para hacerlo es por el conocimiento que tienen del área y por las oportunidades que ven en el entorno.

Sin embargo, aunque aparentemente los accionistas persiguen lo mismo, es importante que cada socio tenga claridad de sus intereses particulares para poder lograr identificar los intereses comunes que deben guiar la planificación del Centro.

Kiyosaki, el famoso autor de "Padre rico, padre pobre" decía que podíamos, como profesionales, podemos asumir cuatro roles diferentes en nuestra carrera: empleado, autoempleado, empresario e inversionista.

> **Como profesionales, podemos asumir cuatro roles diferentes en nuestra carrera: empleado, autoempleado, empresario e inversionista**

De Autoempleados a Empresarios

Los médicos y otros profesionales de la salud usualmente comienzan por ser empleados. Habitualmente consiguen plazas de trabajo en centros públicos, o en centros privados, en donde adquieren experiencia, mediante la realización de una especialización, pero desde el punto de vista económico son asalariados.

En una siguiente etapa, aquellos que tienen un espíritu emprendedor, abren su consultorio propio y /o adquieren una participación en un centro privado y se convierten en autoempleados generando ingresos a través de honorarios profesionales.

Algunos de ellos, aún con un mayor espíritu emprendedor, deciden tomar el riesgo de invertir para planificar en implementar una estructura propia con procesos que agregan valor a los pacientes. Además de poder generar honorarios profesionales, comienzan a generar rentabilidad de ese modelo de negocio. Sin embargo esto no significa que se hayan transformado en empresarios. No hay que confundir un autoempleado con un empresario.

El autoempleado tiene una empresa (su consultorio, o participación en un clínica) pero el éxito de esa empresa depende fundamentalmente de la generación de honorarios profesionales, para lo cual es indispensable que él pueda estar presente todo el tiempo. Es por eso que usualmente se asocia con otros colegas para poder disfrutar de vacaciones y tiempo libre.

El autoempleado tiene una empresa (su consultorio, o participación en un clínica) pero requiere su presencia para tener éxito. Para convertirse en empresario debe crear un sistema que no necesite la presencia activa del profesional para generar ingresos. Esta es la diferencia entre tener un consultorio o tener una empresa de Salud.

De Autoempleados a Empresarios

El salto para convertirse en empresario consiste en crear un sistema que no necesite la presencia activa del profesional para generar ingresos. Esta es la diferencia entre tener un consultorio o tener una empresa de Salud. Sin embargo, en este nivel además del conocimiento médico, que es importante, se requiere tener un sistema de control y gestión.

Para ello hay que desarrollar otras competencias ligadas al ámbito empresarial, especialmente en las áreas de estructuración organizacional, manejo de recursos humanos, logística y cadena de suministros, marketing y planificación estratégica.

Por último, el cuarto rol, el de inversionista, puede ser realizado por cualquier persona que tenga la capacidad financiera. Pero, si es un médico con suficientes recursos económicos, deberá adquirir otras competencias para saber cuándo entrar y cuándo salir de una determinada inversión.

Volviendo a la pregunta original, de por qué tener una empresa de salud privada, las motivaciones de cada accionista pueden ser diferentes. Veamos ejemplos: Algunos buscarán una combinación entre brindar un buen servicio de salud a sus pacientes y obtener un beneficio económico. Para otros será una manera de asegurar su retiro y a la vez crear un patrimonio para sus descendientes.

Otros verán la posibilidad de ejercer su propia profesión con mayor libertad, autonomía, seguridad y estabilidad. Para otros será la oportunidad de invertir excedentes financieros, producto de su trabajo, en algo que conocen y que le da mejor rendimiento que un banco. Habrá otro grupo que verán al sector salud como una oportunidad de negocio para invertir capitales y obtener mayor rentabilidad.

La exploración inicial, por consiguiente, está referida a las razones por las cuales cada accionista está en la empresa, a los diferentes beneficios que esperan de ella, en el presente y en el futuro, y al peso relativo que tiene cada uno de esos beneficios para los que en definitiva van a fijar el rumbo de la empresa.

Algunos le darán prioridad, por ejemplo, a la rentabilidad otros a la recuperación pronta de su inversión, por encima del crecimiento. Para otros será lo contrario, sacrificarán rentabilidad por crecimiento. Algunos preferirán operar en los mercados locales mientras que otros desearán la expansión a otros mercados.

Todo va a depender de lo que ambicione cada uno de ellos y del grado de riesgo que esté dispuesto a asumir. Sin embargo, es importante clarificar y unificar estos aspectos para tomar decisiones a futuro.

¿En qué competir?

Cuando nos reunimos para realizar una actividad deportiva debemos primero definir qué queremos jugar: ¿Béisbol, fútbol, basquetbol?

De la misma forma, en nuestro caso, aún sabiendo que queremos estar en el área de salud, debemos ponernos de acuerdo en que segmento del servicio de salud desearíamos actuar, o estamos actuando: ¿Atención primaria? ¿Salud ocupacional?¿Un policlínico? O la tendencia actual: ¿Un Centro de múltiples especialidades enfocado a un tipo de enfermedad o especialidad (por ejemplo un centro de diabetología o un centro ambulatorio de otorrinolaringología)

La decisión de en qué competir va a depender mucho de las preferencias de los accionistas. La toma de conciencia de cuáles son las razones para querer estar en determinados mercados, es un de punto de partida para evaluar, más adelante, el posicionamiento actual de la empresa.

Cuando nos reunimos para realizar una actividad deportiva debemos primero definir qué queremos jugar. De la misma forma, aún sabiendo que queremos estar en el área de salud, debemos ponernos de acuerdo en que segmentos de servicios de salud desearíamos actuar, o estamos actuando. La decisión de en qué competir va a depender mucho de las preferencias de los accionistas

---

Por supuesto esto está estrechamente relacionado con tres elementos que influyen en las preferencias de quienes la dirigen: lo que conocen, lo que les gusta y lo que les beneficia.

Para comenzar es importante tener clara la visión de nuestro rol en lo que queremos crear: ¿Queremos ser un autoempleado, y crear algo en donde podamos ejercer de manera autónoma o segura, sin importar si realmente es una necesidad del mercado? ¿O queremos ser un empresario en donde nuestra prioridad es satisfacer las demandas del mercado, independientemente si las mismas correspondan o no a la especialidad que ejercemos?

Teniendo estos aspectos claros podemos examinar la razón por la cual existe o pretendemos crear un Centro de Salud Privado, es decir la necesidad que pretendemos satisfacer en una determinada población y la forma de satisfacerla.

Misión actual como la perciben sus directivos

El concepto de misión nace en la planificación estratégica para aclarar la razón de ser de la empresa. Responde a la pregunta de ¿Para qué estamos en el mercado? O visto de otra manera ¿Qué perdería el mercado si nuestra empresa desapareciera?

 Supongamos, a manera de ejemplo, que un grupo de dermatólogos y cirujanos plásticos deciden crear un Centro de Estética para realizar servicios de cirugía plástica, dermatología y cosmetología. Podría definir su misión de la siguiente manera:

Misión: rejuvenecer a las mujeres, y por qué no, a los hombres mediante los mejores tratamientos de cirugía plástica, dermatología y cosmetología, disponibles en la medicina moderna.

La misión define el alcance de tu emprendimiento. Cumple un doble propósito: por un lado establece, no sólo lo que los directivos desean hacer, sino también, lo que **no desean hacer**. Por el otro le indica al mercado para qué existe la empresa y lo orienta en cuanto a lo que puede esperar de ella. Permite centrar el foco de atención, tanto en los mercados a los que se quiere ir, como en los servicios que se quieren prestar.

En la práctica esto ha demostrado tener una importancia extraordinaria.

> # La misión cumple un doble propósito: por un lado establece, lo que los directivos desean hacer y lo que <u>no desean hacer.</u> Por el otro le indica al mercado para qué existe la empresa y lo orienta en cuanto a lo que puede esperar de ella.

De allí que autores modernos como Porter o Welch coincidan en que la estrategia significa realizar una clara escogencia de cómo competir, de qué hacer y de qué no hacer. En palabras de Welch, no se le puede dar todo a todo el mundo, sin importar el tamaño de tu negocio o la profundidad de tus bolsillos.

No obstante una empresa moderna tiende a ser más compleja que el ejemplo que estamos describiendo de un centro de estética. Por ejemplo, un Centro de Salud Privado puede tener varios servicios, como cirugía, medicina interna, traumatología, dermatología, gastroenterología, neurocirugía o cirugía bariatrica, entre otros.

De allí que la tendencia moderna, en planificación estratégica, tiende a subdividir o fraccionar la empresa en "negocios", o Unidades Estratégicas de Negocios (UEN), como las denomina McKinsey.

Una Unidad Estratégica de Negocios es una subdivisión que se hace de la empresa (que puede hacerse real o virtualmente) y que se caracteriza por tener productos y servicios diferenciados, para mercados diferenciados y con competencia diferenciada. Por ejemplo, en el caso de centro de salud privado anterior, cada uno de estos servicios mencionados, por ejemplo Cirugía Bariátrica, constituiría una UEN.

La ventaja de hacerlo es que, como veremos posteriormente, permite evaluar cada uno de los negocios de acuerdo a las oportunidades que se presenten y de esta manera decidir la distribución de los recursos, especialmente los financieros y humanos, que siempre son limitados, entre cada uno de ellos, de acuerdo a su potencialidad.

En este caso, también cada una de las UEN tendría su propia misión, y a partir de las diferentes misiones se elaboraría la misión del Centro.

Sin embargo debemos considerar esta "Misión" (actual) como provisional. Solamente después de recorrer todos los pasos del proceso de planificación estratégica, de abrir nuestra mentalidad a las posibilidades y amenazas, presentes y potenciales, de haber explorado ideas innovadoras, mediante ejercicios de creatividad dirigida, y de haber evaluado de una manera sistémica y realista las opciones estratégicas que tenemos, estaremos en capacidad de decidir el rumbo a seguir. Eso determinará la misión y la visión de nuestro Centro y la forma de comunicarla a la audiencia de interés. Estos aspectos los trataremos posteriormente.

¿Dónde competir?

Una vez que sabemos lo que queremos jugar, nos toca escoger la cancha o mercado donde vamos a jugar. Debe tener una serie de condiciones que nos despierten interés, nos hagan sentir cómodos en el juego y donde tengamos muchas posibilidades de ganar. Es lo que denominamos "factores de atractividad del mercado".

Un punto de partida es la identificación de las necesidades de los diferentes mercados y la evaluación de con qué productos y servicios queremos satisfacerlas, en virtud de las ventajas que se poseemos.

El área de salud es muy extensa. Las oportunidades para un Centro de Salud Privado pueden ser amplias. Una vez escogida la especialidad y modalidad, a desarrollar, es importante delimitar el alcance o espacio donde competir. Por ejemplo: ¿Crear un Centro de Especialidades Oncológicas, o limitar un poco más, como lo sería un Centro de Mastología?

Ya definidos el alcance y las ventajas, hay que analizar cómo pueden ayudar a entrar, posicionarse, o consolidarse, en el mercado de interés, para los directivos del Centro ¿En qué le ayudan las mismas para lograr su objetivo? ¿Cómo las experticias y oportunidades ayudan a dar respuestas a las necesidades del mercado?

De acuerdo a la experiencia o visión, de los directivos: ¿Qué es lo que hace falta a los potenciales clientes que el Centro puede satisfacer? ¿Es mayor oferta ante una demanda insatisfecha? ¿Es tecnología para lograr mayor rapidez y seguridad? ¿Es facilidad de pago? ¿Qué se puede mejorar o innovar en el mercado?

De las ventajas que posee la empresa y de su capacidad de satisfacer, y exceder, necesidades y expectativas, entregando productos y servicios diferenciados en los mercados de su preferencia, depende su posicionamiento en esos mercados.

De las ventajas que posee la empresa y de su capacidad de satisfacer, y exceder, necesidades y expectativas, entregando productos y servicios diferenciados en los mercados de su preferencia, depende su posicionamiento en esos mercados

Sin embargo, para escoger esos mercados, debemos evaluar primero que es lo que los hace para nosotros atractivos, cuales son las oportunidades que se presentan, qué posibilidades tenemos de insertarnos en ellos y si son esos los clientes que queremos tener.

¿Cómo ganar?

Como dijimos anteriormente esta es la pregunta más importante de responder, porque es el objetivo principal de la Planificación Estratégica.

Ganar significa alcanzar el mejor posicionamiento valioso y sustentable posible para la empresa, en un periodo de tiempo. Es decir, desarrollar la empresa al máximo de su potencial. Esta es la finalidad que persigue el resto del proceso de la elaboración del Plan Estratégico.

Ganar significa alcanzar el mejor posicionamiento valioso y sustentable posible para la empresa, en un periodo de tiempo. Es decir, desarrollar la empresa al máximo de su potencial

Para hacerlo es importante tomar conciencia de la posición actual de la empresa (el hoy) y abrir la mentalidad de los directivos a todas las posibilidades que se identifiquen, luego de hacer una evaluación del entorno y de lo que pueda ocurrir en el futuro. Esto implica también realizar un diagnóstico interno de las ventajas y restricciones del Centro, para aprovechar las oportunidades y contrarrestar las amenazas que se pueden presentar en diversos escenarios.

Un punto de partida para hacerlo es identificar las ventajas actuales que tenemos y como las que estamos usando para producir las características distintivas de competitividad que hacen valioso al Centro, a los ojos de los pacientes a los cuales queremos llegar.

El valor de los valores

Una ventaja competitiva importante para cualquier empresa de salud es la forma como se comporta su personal, especialmente en la interacción con los pacientes y otros "clientes" de interés para la empresa. El comportamiento del personal es un producto de la cultura organizacional que desarrolle la empresa, y ésta a su vez está fundamentada en los valores internos de la organización.

Los valores vienen a ser los "sí -sí" y los "no -no" de la conducta organizacional, es decir lo que sí se debe hacer siempre, aún cuando el entorno propicia lo contrario, y lo que no se debe hacer nunca, así el entorno lo favorezca.

> **Los valores vienen a ser los "sí -sí" y los "no -no" de la conducta organizacional, es decir lo que sí se debe hacer siempre, aún cuando el entorno propicia lo contrario, y lo que no se debe hacer nunca, si el entorno lo favorezca**

Determinan las conductas que van a moldear la personalidad de la empresa por consiguiente también deben ser escogidos estratégicamente como veremos más adelante.

La propuesta de valor actual del negocio

Las respuestas a las preguntas anteriores permiten integrar los deseos y aspiraciones de accionistas y directivos en el ejercicio inicial de alineación estratégica.

De Autoempleados a Empresarios

También nos permite responder a las preguntas básicas de quiénes somos, es decir cuál es nuestra imagen en el presente, como Centro de Salud, en cuanto a nuestra misión actual y las ventajas que poseemos.

Esto nos da una primera idea (ya que puede cambiar a través del ejercicio completo) de lo qué queremos, o cómo nos vemos, en el futuro, en cuanto a los mercados donde desearíamos estar y al por qué desearíamos estar en esos mercados (es decir qué los hace atractivos para los accionistas y directivos).

De igual manera también nos permite tener una idea inicial de las necesidades que queremos satisfacer en esos mercados; de los productos y servicios que podríamos proveer para satisfacer dichas necesidades; de los elementos diferenciadores en esos productos y servicios que los harían preferidos por los clientes, incluyendo el comportamiento organizacional basado en valores; y de las ventajas que permiten generar estas características. Esta es la propuesta de valor que el Centro ofrece al mercado.

Identificar la propuesta de valor no sólo es importante para alinear a los directivos y al personal, sino también para atraer potenciales inversionistas

Los valores, la misión y la propuesta de valor, constituye su identidad corporativa de la empresa de salud. Es lo que define su personalidad en el mercado. Cuando está bien elaborada pasa a ser una ventaja competitiva extraordinaria y contribuye a crear o reforzar la reputación del Centro.

Caso de estudio: La Identidad Corporativa

En el ejemplo del "Centro de Otorrinolaringología Respirar" la discusión de la Identidad Corporativa produjo resultados interesantes.

El equipo consultor les advirtió que al final del ejercicio se revisaría la misma de acuerdo a los resultados. En esta etapa lo que le interesaba era conocer la opinión de los directivos acerca del propósito actual del Centro, la conducta organizacional que debería tener y la propuesta de valor al mercado.

Comenzaron por discutir la misión o propósito del Centro. Se dieron cuenta que si bien la tenían, no estaba escrita. Para ellos esto era un "mundo nuevo". ¿Cómo era eso de escribir una misión cuando para ellos era obvio? Su propósito es darle un buen servicio de salud al paciente. Sin embargo, siguiendo la metodología desplegada por el equipo consultor, llegaron a la siguiente a definición "Proveer a la atención médica más especializada y humana en el área de la otorrinolaringología"

Los directivos consideraron que esta misión que habían definido, , se había adaptado convenientemente a la razón por la cual fue fundado.

El equipo consultor destacó que esta definición cumplía con dos características importantes en una definición estratégica: la primera era que era lo suficientemente corta para ser recordada. La segunda es que daba una orientación precisa acerca de los servicios que el Centro prestaba y destacaba dos características distintivas como lo eran: la actualización en la especialización y la humanidad en el trato al paciente.

No obstante, llamó la atención acerca de una limitante que podía introducir. Por ejemplo: ¿Solamente deseaban actuar los accionistas en el área de la otorrinolaringología, o estaban abiertos para crecer en otras áreas?

Después que varios socios expresaron su opinión, algunos en favor de mantenerse en la misma especialidad y otros de estar abiertos a examinar nuevas oportunidades, acordaron mantener en suspenso la definición actual de la misión, ya que era conveniente realizar el ejercicio sin barreras mentales a las oportunidades del mercado.

El equipo consultor les manifestó que no se preocuparan ya que al final del ejercicio se establecería la misión de una manera estratégica. Luego de este ejercicio, los socios comenzaron a entender el valor que tiene la metodología de planificar estratégicamente su centro y visualizarlo "como una empresa"

Respecto a los valores el equipo consultor destacó que su importancia estaba en que orientaba la conducta del personal. La condición fundamental para que fueran de utilidad era que los directivos debían comprometerse a servir de ejemplo en su cumplimiento. No obstante cuando esto ocurría, y se transmitían al personal, pasaban a ser una ventaja competitiva de primer orden.

Así como la misión debe ser corta, los valores deben ser pocos para que puedan ser internalizados por el personal.

Después de una corta discusión los participantes estuvieron de acuerdo con que ética, calor familiar al paciente y diligencia eran valores que valía la pena mantener, porque definían muy bien una conducta diferenciadora en el Centro. También acordaron agregar el valor de profesionalismo, ya que era una característica que querían que todo el personal compartiera.

Usando el Mapa Estratégico también fue fácil identificar la propuesta de valor actual:

- Realizar servicios de consulta programada y urgencias, en el área de otorrinolaringología, para pacientes asegurados y pacientes de clase media y alta sin seguro, donde el paciente pueda tener un fácil acceso al Centro.
- Evaluación por médicos que inspiran confianza, y
- Ofrecer tratamientos efectivos y economizar tiempo, por la puntualidad de la atención, aprovechando nuestras ventajas de: ubicación del centro, contar con especialistas con experiencia, el adiestramiento del personal en atención al paciente, la actualización de los especialistas y el mantenimiento de modernos equipos.

Capítulo VII

¿En qué juego estamos? La concepción del negocio

Identificada la propuesta de valor inicial y la identidad corporativa, es conveniente explicitar los factores que los directivos deben evaluar, por ser determinantes en los beneficios esperados por los accionistas, al operar en un determinado mercado de su preferencia, y los factores que debe poseer el Centro para poder tener éxito con los clientes en dicho mercado. Éstos son conocidos como Factores de Atractividad de Mercado y Factores de Fortaleza de Negocio.

Factores de Atractividad de Mercado (FAM)

Los accionistas arriesgan su capital e invierten su tiempo buscando un retorno por su emprendimiento. ¿Cuál es ese retorno que están buscando? La respuesta varía dependiendo de la composición y tipo de accionistas, y de sus intereses comunes. Los factores más frecuentes podrían ser: la rentabilidad del negocio, la posibilidad de crecer, el prestigio, la ausencia de competencia, etc.

Los Factores de Atractividad de Mercado son las razones por las que los accionistas invierten, o por el contrario desean retirar su inversión, en el Centro de Salud. Es importante establecer no sólo cuáles son, sino también el peso relativo de cada uno de ellos. Por ejemplo, el prestigio podría tener el 30% del peso total, la posibilidad de crecer el 20%, la rentabilidad el 35% y la ausencia de competencia el 15%.

Bajo el punto de vista de los accionistas la identificación de estos factores de atractividad también sirve para comprender por qué un determinado mercado puede ser más atractivo que otro.

> **Los Factores de Atractividad de Mercado son las razones por las que los accionistas invierten, o por el contrario desean retirar su inversión, en el Centro de Salud. La identificación de estos factores también sirve para comprender por qué un determinado mercado puede ser más atractivo que otro.**

Por ejemplo, si nuestra decisión fue crear un Centro de Estética, y tres factores de atractividad son la competencia (o mejor dicho, la poca competencia), la rentabilidad y el prestigio que podamos ganar, examinaremos si en nuestra área de influencia hay algo similar.

Puede ocurrir que existan uno o varios centros, en nuestra área de influencia, pero si no los hay ¿Cómo están haciendo los pacientes para recibir atención especializada? ¿Dentro de un centro clínico hay un equipo de especialistas en cirugía plástica que estén atendiendo a esos pacientes? ¿Hay alguna subespecialidad, o tecnología, que todavía en ese mercado no haya llegado?

Si nuestro Centro ya existe, también sirve para evaluar cómo perciben los accionistas su posicionamiento actual en un determinado mercado, de acuerdo a los factores de atractividad de mercado que ellos buscan, comparado con otras posibilidades.

La mayor parte de las veces los accionistas conocen estos factores de atractividad de manera intuitiva, pero explicitarlos permite abrir una discusión para establecer criterios comunes, que aligeren la toma de decisiones en el futuro, cundo se tenga que escoger entre varias opciones, un requisito fundamental en la estrategia.

Como veremos más adelante, estos factores nos servirán también para evaluar el posicionamiento del Centro de Salud, en cuanto a oportunidades y amenazas actuales.

Factores de Fortaleza de Negocio (FFN)

El posicionamiento no sólo está determinado por la presencia del Centro en mercados con un determinado grado de atractividad para los accionistas. También es importante que los clientes de esos mercados prefieran los servicios de nuestro Centro por encima de los de la competencia.

Para ello hay que generar características especiales diferenciadoras que el cliente valore, las cuales hemos denominado: características distintivas de competitividad (CDC).

En el caso de los Centros de Salud es importante distinguir que pueden haber dos grandes tipos de clientes: el usuario final, aquel que usa nuestros servicios de manera directa, que es habitualmente el paciente, y el financiador o "comprador" del servicio, que en nuestro caso está mejor representado por las empresas aseguradoras

Para identificar las características distintivas de competitividad valoradas por el cliente debemos ponernos en sus zapatos, para conocer qué es lo qué buscan o valoran del servicio a ofrecer en el área que estamos explorando.

> **Para identificar las características distintivas de competitividad valoradas por el cliente debemos ponernos en sus zapatos, para conocer qué es lo qué buscan o valoran del servicio a ofrecer en el área que estamos explorando.**

Por el lado del paciente: ¿Rapidez de citas? ¿Seguridad en el tratamiento? ¿Alta tecnología? ¿Tratamiento ambulatorio y económico? ¿Ser atendidos a tiempo, sin esperar una infinidad, en el día de la consulta? ¿Contacto rápido con el médico o equipo médico en caso de necesidad? ¿Envío de resultados de manera electrónica? ¿Limpieza?

Por el lado de los financiadores que en la mayoría de los casos son empresas aseguradoras: ¿Baremo estructurado por grupos diagnósticos o por tipo de consumos en intervenciones quirúrgicas? ¿Estandarización de honorarios médicos? ¿Estandarización de facturación? ¿Sistemas de información (software) que facilite la gestión de facturación? ¿Creación de líneas de crédito con las aseguradoras?

Otro de los puntos a evaluar es por qué hoy en día los clientes nos prefieren, qué ven que hacemos diferente para quedarse con nosotros: ¿Fidelidad con el médico tratante? ¿Por qué se sienten bien atendidos? ¿Por la reputación del médico? ¿Por la ubicación y mantenimiento de las instalaciones? ¿Por la tecnología actualizada? ¿Por qué aceptan su seguro? ¿Porque no hay otra alternativa para ellos en la región?

De igual manera es importante investigar por qué los pacientes de la competencia la prefieren a ella y no a nosotros. Cada una de estas respuestas se convierte en una característica distintiva de competitividad que puede tener un peso relativo mayor o menor en el conjunto de clientes del mercado al que estamos accediendo.

> **Debemos investigar no sólo por qué nuestros pacientes nos prefieren, sino también por qué los de la competencia la prefieren a ella y no a nosotros.**

Podemos quedar asombrados de las respuestas que conseguimos. Por ejemplo, una muy frecuente es la valoración de la facilidad de aparcamiento o accesibilidad al transporte público. Entre otras respuestas aparecen: lo que hacen las empresas aseguradoras para incentivar un flujo de pacientes hacia un centro de salud específico, la atención que percibe el cliente y que los motiva a regresar, e incluso la elección libre que hace el paciente por su conocimiento de los indicadores de seguridad y calidad, como resultado de un sistema de evaluación externo en el cual se establece un ranking de centros de salud.

A medida que la calidad de los servicios de salud ha evolucionado y hay mayor accesibilidad y transparencia en la información. Lo que antes era una característica distintiva puede pasar a convertirse en un estándar, obligatorio para todos los centros. En consecuencia, en muchas ocasiones las necesidades de los pacientes no estarán centradas en la parte técnica de la salud, sino más bien en la parte de los servicios y comodidades que perciben.

Como vimos en los ejemplos anteriores, las características distintivas de competitividad deben ser analizadas desde la óptica de los clientes de nuestros mercados preferidos.

Responden a las interrogantes de por qué nuestros pacientes nos prefieren a nosotros, y no a la competencia, y de por qué los pacientes de la competencia los prefieren a ellos y no a nosotros. Una medida bastante objetiva de estas preferencias viene dada por la cuota de mercado que cada Centro de Salud Privado tiene.

Para generar cada característica distintiva de competitividad es necesario poseer una ventaja, o un grupo de ventajas, dentro de la empresa capaces de producir dicha característica.

> **Para generar cada característica distintiva de competitividad es necesario poseer una ventaja, o un grupo de ventajas, dentro de la empresa capaces de producir dicha característica.**

Por consiguiente, una vez identificadas nuestras características distintivas de competitividad, debemos también identificar qué ventajas tenemos nosotros que nos permiten generar esas características y que tan difíciles son de imitar o adquirir por otro competidor. En la medida que esas características distintivas sean de gran valor para el paciente, y que esas ventajas que las producen sean difíciles de reproducir por la competencia, mayor sustentabilidad tendrá nuestro posicionamiento.

> **En la medida que esas características distintivas sean de gran valor para el paciente y que esas ventajas que las producen sean difíciles de reproducir por la competencia, mayor sustentabilidad tendrá nuestro posicionamiento.**

Pero, además, también debemos identificar las características distintivas que posee la competencia y no nosotros (al menos en el mismo grado de ellos). Esto es de gran importancia para poder atraer a esos otros pacientes.

Identificadas ese conjunto de características distintivas de competitividad que valoran los pacientes de la competencia surgen nuevas interrogantes ¿Qué ventajas posee la competencia, que les permite generar las características que nosotros no estamos generando en este momento? ¿Qué podría hacer nuestro Centro para adquirirlas? Ya que si deseamos aumentar nuestra cuota de participación en ese mercado, esto es un paso fundamental.

Al conjunto de ventajas necesarias para producir las características distintivas de competitividad que valoran el total de los pacientes (tanto los nuestros, como los de la competencia), de un segmento atractivo de mercado para nosotros, se le denomina Factores de Fortaleza de Negocio.

> # Al conjunto de ventajas necesarias para producir las características distintivas de competitividad que valoran los pacientes de un determinado mercado, se le denomina Factores de Fortaleza de Negocio

Es lo que cualquier Centro requiere para poder ser competitivo en un mercado atractivo para sus accionistas y en la medida en que posea, y utilice, esas ventajas, mejor será su posicionamiento y se reflejará en la cuota de mercado que posea.

La sustentabilidad de cada ventaja, en el tiempo, dependerá de la dificultad de adquirirla por parte de la competencia. Por eso es necesario examinar, además de si lo que nosotros hacemos es difícil copiar por nuestros competidores, si podemos desarrollar nuevas ventajas capaces de producir nuevas características distintivas de competitividad que sean valoradas por el cliente.

Por ejemplo ¿Habrá algún especialista en nuestro equipo que traiga una técnica quirúrgica novedosa la cual haga que la intervención quirúrgica sea ambulatoria?

O ¿Tenemos toda la logística de trabajo, o lo que Porter denomina ciclo de atención, para atender un tipo de patología en específico que esté fragmentada en los demás centros de la competencia?

Por ejemplo: contar con todo el ciclo de atención para pacientes con implante coclear; audiólogos, psicólogos, pediatras, otorrinos, terapia auditiva verbal, servicio social, etc.), que funcione de manera coordinada para que el paciente que acuda al centro con esta problemática, sea evaluado y tratado de manera multidisciplinaria dándole una respuesta satisfactoria sin tener que salir del centro.

Caso de estudio: ¿En qué juego estamos?

Continuando el ejemplo del "Centro de Otorrinolaringología Respirar", los participantes pasaron a la discusión del tercer punto de la agenda: la concepción del negocio. La misma se centró en la determinación de los factores de atractividad el mercado, para los accionistas, y los factores de fortaleza de negocio que se requerían para producir las características distintivas de competitividad, capaces de atraer a los clientes de un mercado preferido.

La primera discusión se centró en cuáles eran los factores de atractividad de mercado.

Los socios estuvieron de acuerdo en que las razones principales por las cuales ellos fundaron el Centro eran porque querían tener mayor libertad para el ejercicio de su profesión y prestar un servicio de mejor calidad al paciente, sin las limitaciones que le imponían los sitios donde anteriormente trabajaban.

El equipo consultor les preguntó si sentían que lo habían logrado, y la respuesta unánime fue Sí!. De esta manera la discusión se enfocó en la siguiente pregunta: En estos momentos, ¿Qué factores deberíamos tener en cuenta si quisiéramos invertir para desarrollar el Centro?

Entre los socios y directivos hicieron una larga lista. El equipo consultor les recordó el principio de Pareto que nos obligaba a concentrarnos en los "pocos factores vitales" que producirán el 80% de los resultados deseados. Para identificarlos solicitó, a cada participante, que repartiera 20 puntos entre todos los factores listados, según el peso de cada uno.

Por ejemplo, un participante podía asignar ocho puntos a un factor que se considerara sumamente importante, seis a otro, y dos puntos a tres otros factores, para sumar 20. De esta manera, siendo 5 los participantes, la suma de los puntos repartidos sería 100.

Después de realizar el ejercicio, se identificaron los siguientes factores prioritarios:
1. Seguridad jurídica: 25%
2. Rentabilidad de la inversión: 25%
3. Financiamiento: 20%
4. Disponibilidad de insumos, equipos y personal: 15%

5. Tamaño del mercado: 5%

Los otros 10 puntos quedaron diluidos entre el resto de los factores. Los socios estuvieron de acuerdo en que esos eran los cinco factores principales.

Para discutir los Factores de Fortaleza de Negocio, el equipo consultor comenzó por preguntarle a los presentes cuál era la razón por la cual sus pacientes acudían al Centro y no a la competencia, es decir, que características distintivas de competitividad apreciaban del Centro.

Todos coincidieron en que los comentarios de los pacientes era que confiaban en los médicos y las técnicas utilizadas, se sentían muy bien tratados por el personal, eran atendidos con prontitud y se les hacía fácil llegar y estacionar.

También coincidieron en que eso se debía a las ventajas que tenía el en cuanto a ubicación, el tipo de edificación con amplio estacionamiento, el contar con especialistas con experiencia, el adiestramiento que se suministraba al personal en lo referente a atención al paciente, y las técnicas y equipos modernos con que contaba. Esas eran las ventajas competitivas que les permitían producir que dichas características.

La siguiente pregunta que hizo el equipo consultor fue más difícil de responder: ¿Por qué los clientes de la competencia, no acudían a este Centro, o de otra manera, qué les ofrecía la competencia, que el Centro no ofrecía?

Una investigación, efectuada por el grupo médico, indicaba que una gran parte de los clientes de la competencia acudían allí por recomendación de sus médicos internistas. Otros acudían porque su seguro no tenía contrato con el Centro.

Una tercera razón era por que confiaban en los médicos que ya conocían. La cuarta razón era porque desconocían qué opciones ofrecía nuestro Centro. A todo esto se le añadía que, en muchas ocasiones, las citas a nuevos pacientes debían ser fijadas para una fecha relativamente lejana, por falta de capacidad. Esto coincidía con los comentarios escuchados por el resto de los participantes en conversaciones informales.

En ese momento el equipo consultor preguntó: ¿Qué ventajas tendríamos que adquirir para generar esas características? Después de una amplia discusión los participantes coincidieron en que dichas ventajas eran: relaciones con médicos internistas para generar recomendaciones, acuerdos con mayor cantidad de empresas de seguros y campañas publicitarias para hacer conocer más al Centro.

El equipo consultor destacó que si sumamos las ventajas identificadas, estaremos en presencia de las ventajas requeridas por cualquier centro para operar competitivamente en el segmento de mercado en el cual actuábamos en este momento. A eso se le denomina Factores de Fortaleza de Negocio, y en nuestro caso eran:

1. Ubicación
2. Estacionamiento
3. Especialistas con experiencia
4. Adiestramiento en atención al paciente
5. Actualización a los especialistas
6. Equipos modernos
7. Relaciones con médicos internistas
8. Acuerdos con compañías de seguros
9. Promoción y mercadeo
10. Capacidad de atención

De Autoempleados a Empresarios

Capítulo VIII

¿Qué está pasando en el juego? El diagnóstico

Nuestro próximo paso es entender qué está pasando en el juego ¿Cómo estamos posicionados actualmente? ¿Quiénes son nuestros competidores? ¿Qué ventajas estamos utilizando? ¿Qué ventajas no faltan? ¿Qué problemas tenemos? ¿Qué oportunidades identificamos? ¿Qué amenazas existen?

¿Cómo esta posicionado actualmente nuestro Centro?
Si estrategia, en la concepción moderna, es la búsqueda del mejor posicionamiento valioso y sustentable posible para nuestro Centro, debemos comenzar por determinar el posicionamiento actual, para poder evaluar cómo mejorarlo.

Ya sea que el Centro conste de varias UENs, o pueda ser visto como un solo negocio, es importante evaluar el posicionamiento actual en los mercados en los que opera, ya que será uno de los puntos a examinar, por los directivos, para la elaboración de la estrategia. Dos factores son claves para evaluar ese posicionamiento: por un lado, qué tan atractiva es la empresa para sus accionistas y por el otro, qué tan atractiva es la empresa para sus clientes.

> **Dos factores son claves para evaluar el posicionamiento actual del Centro: por un lado, qué tan atractivo es para sus accionistas y por el otro, qué tan atractivo es para sus clientes.**

Posicionamiento actual
Establecidos los factores de atractividad de mercado y de fortaleza de negocio, y su peso relativo, podemos graficar la percepción que tienen los accionistas, y directivos, acerca de donde está posicionado el Centro en la actualidad. Por ejemplo, se asigna en cada eje una escala del uno al nueve. Siendo esto una percepción, probablemente habrán diferencias entre las valoraciones que hacen los diferentes accionistas y directivos.

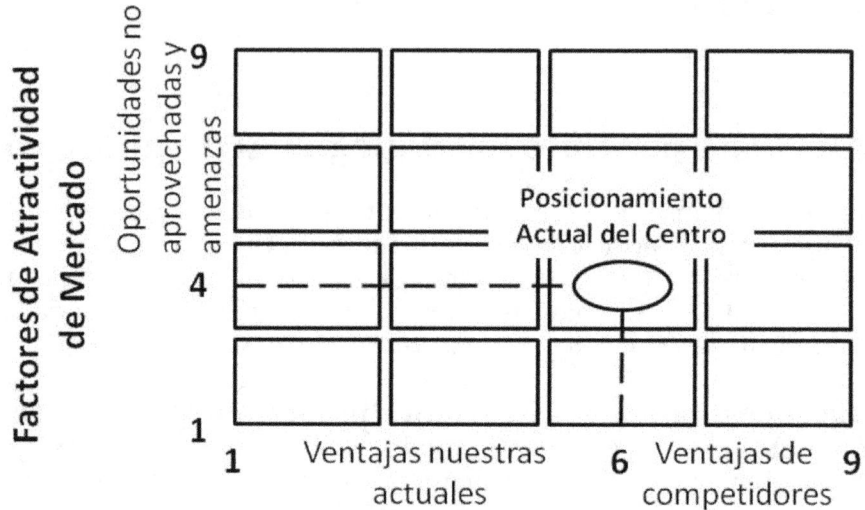

Posicionamiento en cuanto a la atractividad de los mercados

En el primer eje, el de las "Y", podemos evaluar el posicionamiento del Centro en cuanto a los factores de atractividad de mercado ¿Que tan atractivo es el mercado donde opera el centro para sus accionistas?

La valoración que le damos a la atractividad del mercado donde estamos actuando, tiene más utilidad cuando la hacemos en relación a otras oportunidades percibidas, en otros mercados, o a amenazas que detectamos en los mercados actuales y que inciden en alguno de los factores de atractividad importantes para nosotros.

La valoración que le damos a la atractividad del mercado tiene más utilidad cuando la hacemos en relación a otras oportunidades percibidas, en otros mercados, o a amenazas que detectamos en los mercados actuales y que inciden en alguno de los factores de atractividad importantes para nosotros

De Autoempleados a Empresarios

Veámoslo con un ejemplo. Supongamos que tres socios médicos, especializados en dermatología, tienen un consultorio privado, orientado principalmente a la cosmetología, en una urbanización de clase media.

Los tres han acordado que los factores más importantes para ellos, para analizar la atractividad del mercado, son: la cantidad de población femenina, el poder adquisitivo de esa población, la competencia, el poder ejercer ellos mismos como profesionales y la rentabilidad, cada uno con un 20% de peso.

A pesar de estar satisfechos con la clientela que tienen y con lo que han conseguido hasta estos momentos, en la evaluación del posicionamiento de su empresa, en ese mercado, en una escala del 1 al 9, donde 1 significa muy mal y 9 significa excelente, algunos opinan que está en 4, otros en 5 y algunos en 3. Sin embargo la mayor utilidad no está en el valor asignado, sino en la discusión que se genera.

Más que la precisión interesa explorar la percepción de los directivos: ¿Por qué, por ejemplo, un directivo lo ubica en 4 y no en 1?. Probablemente dará argumentos acerca de las bondades actuales del mercado donde opera el Centro, es decir las oportunidades que está aprovechando.

¿Pero por qué entonces lo ubica en 4, y no en 9? La respuesta puede venir por dos vías: la primera es porque existen amenazas, que hacen perder atractividad a los mercados actuales y la segunda es porque hay oportunidades en otros mercados que no se están aprovechando, por estar dedicando nuestros recursos a los mercados actuales.

En la discusión han mencionado diversos asuntos:
a) La rentabilidad pudiera ser mayor si ampliaran el servicio, contratando nuevos profesionales,
b) Su mercado es principalmente de adolescentes y mujeres jóvenes, y no han tratado de abarcar adultos de ambos sexos, de mayor edad,
c) Nuevos consultorios dedicados a la cosmetología se están estableciendo en zonas cercanas, incrementando la competencia.

> **Más que la precisión en la percepción que tiene cada directivo, acerca del nivel en el que está posicionado el Centro en lo referente a la atractividad en el mercado, interesa discutir el por qué de esa percepción. Esto sirve para explicitar oportunidades no aprovechadas y amenazas actuales**

Esta discusión ayuda a identificar oportunidades y amenazas actuales que perciben los directivos y a propiciar un mejor entendimiento del entorno entre ellos.

Si analizamos este simple ejemplo nos damos cuenta de que en esta discusión se han identificado dos oportunidades (ampliar el servicio contratando nuevos profesionales y ampliar el mercado para abarcar adultos de ambos sexos) y una amenaza (nuevos competidores en la zona).

En la vida real, en la discusión que se genera entre directivos y personal clave, surgen muchas más oportunidades y amenazas, especialmente cuando se ha construido el "Mapa Estratégico de la Empresa".

Por supuesto el grado de ambición y de tolerancia al riesgo de los accionistas, anteriormente expuesto, juega un papel preponderante en la identificación de estas oportunidades y amenazas. Por ejemplo, accionistas más conformes con el estatus quo tenderán a ver menos oportunidades fuera de la "zona de confort" actual y elevarán la valoración de la situación de la empresa en el eje de los FAM.

Posicionamiento en cuanto a la fortaleza del negocio

De igual manera, cuando se repite el ejercicio con los factores de fortaleza de negocio, en el eje de las "X" del gráfico, se extrae un conocimiento valioso acerca de las preferencias de los clientes, de las características distintivas de competitividad que estamos ofreciendo y de las que están ofreciendo nuestros competidores.

A diferencia de los factores de atractividad de mercado, es más útil investigar las características distintivas de competitividad directamente con los clientes de esos mercados, y no por la percepción de sus directivos.

De Autoempleados a Empresarios

Como mencionamos anteriormente, el posicionamiento del Centro se puede establecer por la cuota de mercado que posee, en relación a sus competidores principales.

Un aspecto fundamental que servirá para determinar la estrategia es preguntarnos: ¿Por qué no estamos produciendo las características distintivas de competitividad que hacen que los pacientes de los competidores los prefieran a ellos y no a nosotros?

La respuesta podría ser expresada por dos vías: una, porque carecemos de las ventajas competitivas que le permiten a nuestros competidores generar esas características distintivas. La otra, porque teniendo nosotros esas mismas ventajas, no las estamos utilizando para generar esas características.

Cuando analizamos la valoración que los accionistas y directivos dan a la empresa en el eje de los Factores de Fortaleza de Negocio, podemos identificar las ventajas actuales que poseemos y las ventajas que necesitaríamos poseer para lograr una mejor valoración de la empresa en dicho eje.

Siguiendo con el ejemplo del consultorio dedicado a la cosmetología, la discusión de los socios y directivos podría haber ubicado a la empresa con un valor de 6, en una escala del 1 al 9. Recordemos que la discusión básica en este eje está referida a cómo nos ven los clientes actuales o potenciales de ese mercado, y podría medirse por la cuota de mercado que poseemos. Si el Centro de nuestro ejemplo posee el 62% de los clientes deseados en ese mercado, estaría en ese nivel 6.

La pregunta que surge es: ¿De qué mercado estamos hablando? Debemos saber si nos estamos refiriendo sólo a la población de la urbanización, o parroquia, donde está el consultorio, o a la ciudad completa, o al país. De nuevo, es importante establecer cuál es el mercado al que aspiramos llegar y que cuota de participación tenemos en el mismo.

La siguiente pregunta sería: ¿Por qué nuestros pacientes acuden a nosotros y no a la competencia? Como hemos visto del análisis sistémico, la principal causa es que ofrecemos ciertas características distintivas de competitividad (CDC) en nuestros productos o servicios, que el cliente valora por encima de las de los productos y servicios de los competidores.

Identificar esas CDC es importante por dos razones: la primera es porque debemos preservarlas, ya que de ellas depende la lealtad del paciente. La segunda es porque nos sirve como instrumento de mercadeo, ya que, por un lado, concientiza a los clientes actuales de lo que les ofrecemos y por el otro, permite llegar a clientes potenciales que aprecien esas mismas características.

La siguiente pregunta que tenemos que hacernos es ¿Cuáles son las ventajas que tenemos que nos permiten ofrecer esas CDC?

La identificación de las ventajas, o la combinación de ventajas, que permiten ofrecer esas CDC, es importante para examinar si las mismas pueden ser preservadas en el tiempo (de no ser así identificaríamos una nueva amenaza). Además, qué tan difíciles son de imitar o adquirir por la competencia (de ser de fácil adquisición estaríamos en presencia de otra amenaza).

La siguiente pregunta obligada es ¿Por qué el resto de los pacientes de ese mercado acude a la competencia y no a nosotros?

Para responderla, debemos identificar quién es la competencia y cuáles son las CDC que ellos ofrecen y que nosotros no ofrecemos. Este es un análisis enriquecedor para establecer luego los movimientos estratégicos.

Cuando identificamos las CDC de los principales competidores surge la pregunta ¿Que nos impide ofrecer esas CDC? Siguiendo con el análisis sistémico debemos llegar a la conclusión que la competencia puede ofrecerlas porque posee una serie de ventajas que le permite generar esas características.

Cuando reexaminamos la pregunta anterior acerca de qué nos impide ofrecerlas, hay dos respuestas posibles: no poseemos las ventajas requeridas para ofrecer estas características, o sí las poseemos, pero no las estamos usando, o las estamos usando inadecuadamente.

Si la respuesta es la primera, tenemos que ver esto como un problema de la organización, entendiendo como un problema un resultado que deseamos obtener para un cliente final, pero que no lo logramos.

Si la respuesta es la segunda, debemos examinar si es porque no estamos utilizando una ventaja que tenemos. En este caso podemos ver esto como una oportunidad que no estamos aprovechando. Si por el contrario, estamos utilizando esa ventaja, pero debido a la manera de procesarla no estamos consiguiendo el resultado esperado, debemos verlo como un problema.

Graficar donde está posicionado el Centro actualmente, tiene varios beneficios. Por una parte, como se ha mencionado, sirve para identificar las oportunidades de mercado que estamos desaprovechando y las amenazas que estamos teniendo.

Por la otra, nos indica las ventajas que estamos utilizando para generar características distintivas de competitividad valoradas por nuestros clientes y que por consiguiente debemos preservar.

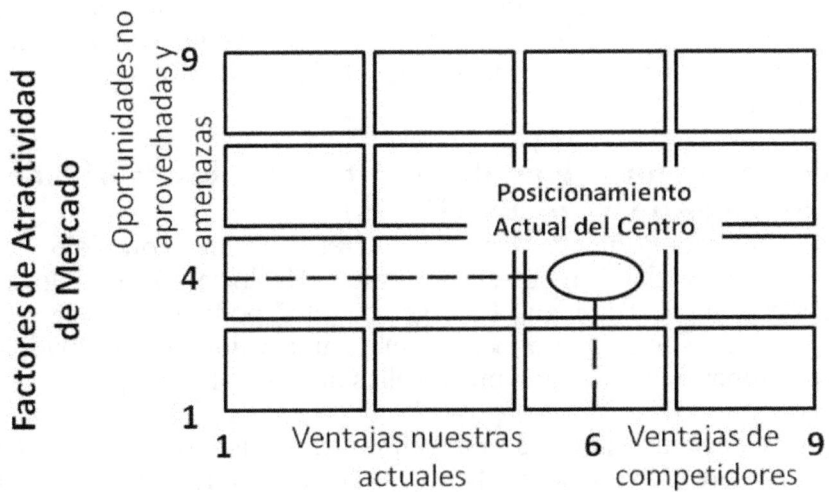

Factores de Fortaleza de Negocio

Adicionalmente nos permite identificar las ventajas requerimos para producir nuevas características distintivas de competitividad, y que no estamos utilizando, ya sea porque no las poseemos, o porque las poseemos y no las usamos.

> **Graficar donde está posicionado el Centro actualmente, tiene varios beneficios: sirve para identificar las oportunidades de mercado que estamos desaprovechando y las amenazas que estamos teniendo. Indica las ventajas que estamos utilizando, y que debemos preservar, y permite identificar las ventajas que requerimos para ser más competitivos**

Todo esto nos abre la creatividad a diversas posibilidades para mejorar nuestro posicionamiento y ser más competitivos ¿Qué tan atractivos son nuestros mercados actuales?

¿Qué nuevos mercados podríamos explorar y que tan atractivos son para nuestros accionistas? ¿Cómo podríamos aumentar nuestra cuota de mercado, si consideramos que nuestro mercado actual es atractivo? ¿Qué restricciones tendríamos que eliminar para hacerlo? Esto es en definitiva el mayor beneficio de la generación de pensamiento estratégico.

Posicionamiento cuando existen varias Unidades Estratégicas de Negocios (UENs)

Cuando se trata de un Centro de Salud Privado más complejo, por ejemplo, con varias unidades tales como: Urología, Dermatología, Traumatología, Cardiología, Emergencia, etc., podemos ubicar esas unidades en el mismo gráfico, haciendo una valoración individual del posicionamiento de cada una de ellas dentro del centro.

Esto nos dará una fotografía instantánea de la posición relativa tanto en mercados como en clientes. Permitirá abrir una discusión acerca de las oportunidades y amenazas que se presentan para cada una de ellas y de las ventajas que poseemos, y las que no poseemos, para mejorar la cuota de mercado de cada unidad.

Sabiendo que nuestros recursos, especialmente los financieros, técnicos y humanos, son limitados debemos preguntarnos cuáles unidades impulsar, cuáles mantener, cuáles reducir e incluso cuáles eliminar, si fuera el caso.

En los casos de las unidades que queremos impulsar, podemos preguntarnos qué camino seguir, si buscar nuevos mercados, o más bien buscar mayor participación en los mercados que actualmente tenemos, o una mezcla de ambos.

El ejercicio de Planificación Estratégica conlleva a toma de decisiones, las cuales en ocasiones pueden ser incómodas para los accionistas, especialmente a los que se comportan como autoempleados.

Procesos y problemas

La única manera que tienen las empresas de aprovechar sus ventajas comparativas competitivas y complementarias, para producir bienes y servicios con las características distintivas de competitividad, que satisfagan, o excedan, las expectativas y necesidades de los clientes, es mediante la ejecución de una serie de actividades o procesos.

Un proceso es la agrupación de un conjunto de actividades cuya finalidad es la transformación de insumos en productos, añadiéndoles valor, mediante el concurso de materiales, equipos, tecnologías y sobre todo de personas. Estos insumos son suministrados por proveedores. Los procesos deben aprovechar las ventajas comparativas, competitivas y complementarias para traducirlas en características distintivas de competitividad (CDC).

Una empresa de salud es similar a un organismo vivo. Primero tiene que haber una estructura organizada (anatomía) en donde se realicen todas las actividades o procesos fisiológicos.

Si la estructura no es funcional, los procesos no serán fluidos. Esto disminuye su competitividad y por ende su supervivencia (tiene una discapacidad, que en términos naturales lo llevará a la extinción).

> **Un proceso es la agrupación de un conjunto de actividades cuya finalidad es la transformación de insumos en productos, añadiéndoles valor, mediante el concurso de materiales, equipos, tecnologías y sobre todo de personas. Los procesos deben aprovechar las ventajas comparativas, competitivas y complementarias para traducirlas en características distintivas de competitividad (CDC)**

Dentro de la estructura de un Centro de Salud existirán una serie de procesos cuyos resultados son visibles a los pacientes y otros "clientes", (tal como ocurre en el cuerpo humano, como la interacción con el medio externo caminar, trabajar, producir, crear innovar habilidades manuales, etc.) y por los cuales nos pueden observar, comparar o medir (pacientes atendidos, calidad, seguridad, balances, etc.). Es lo denominado anteriormente "front office".

Para poder realizar todo lo anterior dependemos de una serie de procesos internos, (logística de insumos, gestión de inventarios, gestión tecnológica, facturación, contabilidad, etc) los cuales los cuales no son visibles para los pacientes y otros "clientes".

Semejante al ser humano, los procesos internos son los que dan vida al Centro de Salud, y lo prepara para afrontar el medio externo. Lo que vemos de ese "organismo" es sólo una fracción de lo que realmente hace, pero detrás de lo que vemos hay una serie de procesos que hace que se mantenga, se adapte y perdure en el tiempo.

En las empresas es lo que denominamos "back office". Son aquellos procesos o actividades internas (no visibles a simple vista), las cuales le añaden valor al producto o servicio y nos hacen ser diferentes a los competidores. Los procesos más importantes agrupan aquellas actividades destinadas a satisfacer las necesidades de los clientes externos.

Siguiendo el esquema tradicional de empresas, para un Centro de Salud Privado, serían: el diseño o modelo de negocios, o la manera de operar el Centro; el mercadeo, o la manera para hacerlo conocer; la venta que es cuando el paciente acude al Centro; el servicio que es cuando recibe la consulta o la intervención a la que es sometido; y los servicios de posventa que comprenden el seguimiento del paciente, una vez evaluado por consulta o realizado un procedimiento.

A esos procesos se les denomina "procesos medulares". Para realizar esos procesos se necesitan una serie de procesos de apoyo, tales como: dirección, gestión humana, mantenimiento y servicio a los equipos, procura de materiales, etc.

Problemas

Los servicios que la empresa genera son resultado de sus procesos. Sin embargo, no siempre los procesos dan el resultado deseado, para satisfacer las necesidades del paciente. Por ejemplo, tener que esperar demasiado tiempo para ser atendido. Lo mismo ocurre con otros "clientes" como el propio accionista cuando no obtiene la rentabilidad esperada.

Cuando no obtenemos el resultado deseado para alguno de los "clientes", decimos que hay un problema.

Los problemas pueden ocurrir por causas puntuales (por ejemplo, porque el médico tuvo una emergencia que atender y no pudo llegar a tiempo a la consulta). No obstante, cuando los problemas son repetitivos y afectan seriamente a alguno de los clientes, debemos investigar sus causas en los procesos.

Los problemas repetitivos pueden deberse a dos causas: o el proceso está mal diseñado y no tiene la capacidad para producir lo que de él se espera, y en ese caso hay que rediseñarlo (por ejemplo, cuando el equipo de rayos X no puede producir imágenes digitales), o porque teniendo la capacidad, hay una falla en el desempeño (por ejemplo, el técnico no sabe operar adecuadamente el equipo de rayos X).

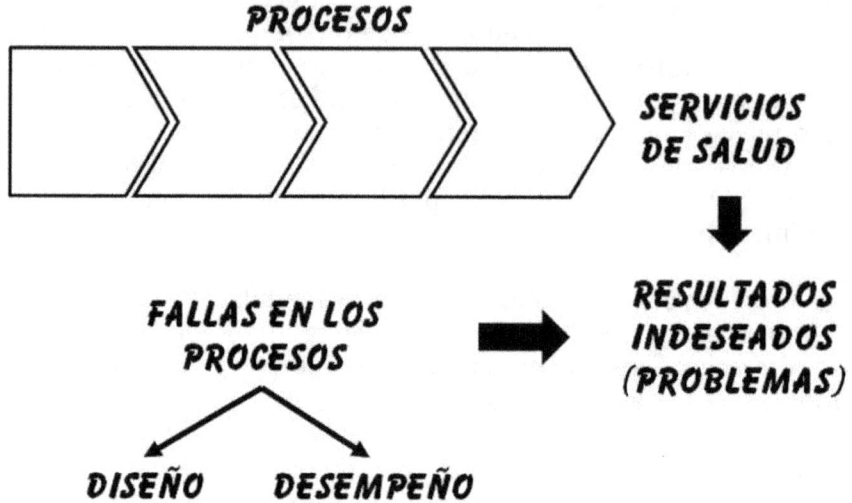

Para tener estrategias exitosas hay que identificar los problemas relevantes y repetitivos que se producen en el Centro, examinar sus causas e incluir su resolución dentro del plan estratégico.

> **Para tener estrategias exitosas hay que identificar los problemas relevantes y repetitivos que se producen en el Centro, examinar sus causas e incluir su resolución dentro del plan estratégico**

Nuevos Problemas, Amenazas, Ventajas y Oportunidades

Hasta este momento durante nuestro periplo hemos detectado una serie de oportunidades y amenazas, actuales y potenciales, y de ventajas que poseemos, o que deberíamos poseer.

Es el momento de hacer un resumen de lo que el equipo directivo ha encontrado. Nuestra primera herramienta de análisis provino del posicionamiento percibido de la empresa, o de los diversos negocios que ella posee, en el gráfico de factores de atractividad de mercado (FAM) vs. factores de fortaleza de negocio (FFN). De allí que identificamos una serie de oportunidades y amenazas, ventajas actuales, y ventajas que podríamos desarrollar.

De Autoempleados a Empresarios

No obstante, como lo señala Jack Welch, la estrategia es un juego totalmente dinámico y viviente, donde estamos obligados a examinar todo lo que ocurre en el campo de juego. El Mapa Estratégico constituye nuestra gran ayuda para orientarnos a responder una serie de preguntas, que nos ayudarán a detectar nuevos problemas, oportunidades y amenazas.

¿Qué está ocurriendo en el entorno? Es importante explorar las tendencias en salud, los movimientos sociales políticos y económicos y otros factores que pueden repercutir en las demandas de los pacientes.

Por ejemplo, la aparición de una epidemia, o de una enfermedad emergente, puede repercutir en nuevas necesidades a corto plazo, que puede constituir una oportunidad para el Centro.

¿Qué estamos haciendo nosotros? También debemos evaluar cuáles son nuestros planes actuales, qué tan adaptados están a la realidad, qué imagen estamos proyectando.

¿Qué tipo de marketing tenemos, qué clientes (médicos o pacientes) hemos ganado o hemos perdido, qué tan satisfechos están nuestros pacientes, qué nuevos servicios hemos lanzado? Si estamos manteniendo nuestras características distintivas de competitividad, si estamos utilizando adecuadamente las ventajas que tenemos.

Por ejemplo, si detectamos una pérdida de pacientes, podría tratarse de un problema de atención al paciente que necesariamente debemos considerar en el momento de la planificación.

Un tercer aspecto está referido a la competencia. ¿Qué están haciendo los competidores? Cómo se desarrolla su marketing, que nuevos servicios están introduciendo o han introducido, qué alianzas estratégicas han realizado, qué nuevos competidores han aparecido, qué están haciendo en cuanto a su organización y procesos internos.

Por ejemplo, si uno de nuestros competidores instala un equipo novedoso que capture la atracción de los pacientes por su comodidad, como podrían ser los equipos para realizar mamografías digitales, o resonancias, de una manera más simple y precisa, o una nueva generación del robot Da Vinci, o un RIS que integre las imágenes, eso podría repercutir en la pérdida de pacientes para nuestro Centro y constituiría una amenaza que debemos tomar en cuenta en nuestro análisis.

> **La estrategia es un juego totalmente dinámico y viviente, donde estamos obligados a examinar todo lo que ocurre en el campo de juego. ¿Qué está ocurriendo en el entorno? ¿Qué estamos haciendo nosotros? ¿Qué están haciendo los competidores?**

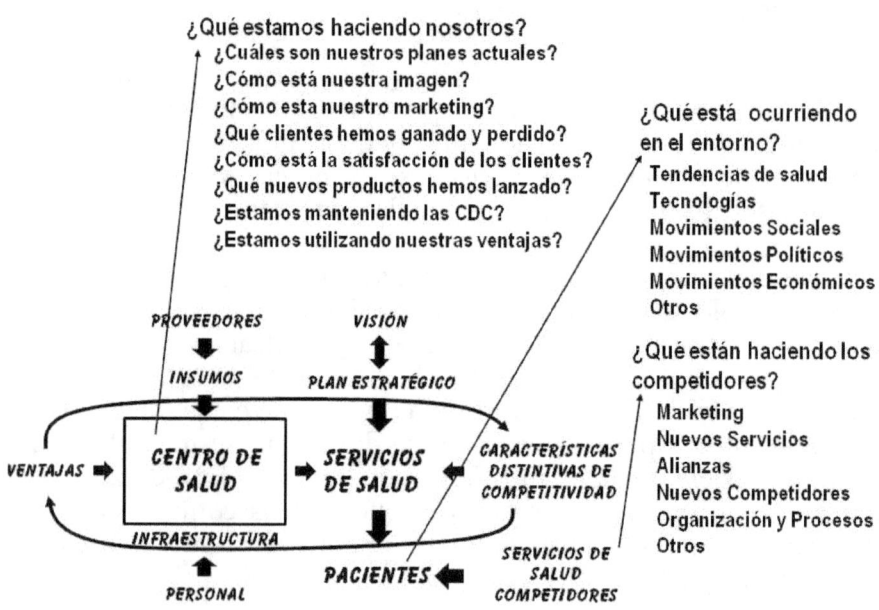

Caso de estudio: El Posicionamiento

Continuando el ejemplo del "Centro de Otorrinolaringología Respirar" el cuarto punto de la agenda se centró en establecer el diagnóstico y posicionamiento actual del centro, conocidos los factores de atractividad de mercado y de fortaleza de negocio.

El equipo consultor recordó que el concepto moderno de estrategia era la búsqueda del mejor posicionamiento valioso y sustentable posible para el Centro. Para mejorar este posicionamiento, primero debíamos conocer dónde estamos actualmente.

Comenzaron por el análisis de los factores de atractividad de mercado (eje de las "Y"). El equipo consultor solicitó a los directivos, que, en una escala del 1 al 9, donde 1 es muy mal y 9 es excelente, dieran su percepción de en dónde estaba posicionado el Centro actualmente.

La mayoría opinó que estaba entre 5 y 6. A la pregunta de por qué consideraban que estaba en 5 y no en 1 razonaron por qué habían tenido una buena rentabilidad, hasta ahora, contaban con financiamiento, tenían un buen volumen de pacientes , producto de la ubicación y las facilidades del Centro, y del prestigio de los médicos y la atención al personal.

A la pregunta de por qué estaba en 5 y no en 9, respondieron aduciendo de que la seguridad jurídica había disminuido y existían amenazas de regulación de precios, que podría afectar la rentabilidad de la inversión. Adicionalmente había una fuerte escasez de insumos y el personal capacitado estaba emigrando hacia otros países por un tema económico.

Sin embargo uno de los socios aportó otro criterio: él consideraba que había un mercado de pacientes que necesitaban intervenciones quirúrgicas ambulatorias, que ellos no estaban haciendo.

A esto se le agregó otra opinión de que a esa oportunidad se agregaba el grupo de pacientes que deseaba aprovechar la intervención quirúrgica que se le iba a practicar, para realizarse una cirugía estética en la nariz.

Otra opinión, aportada por el administrador, era que si se ampliaban las empresas aseguradoras con las que se tenían relaciones, se podía incrementar la cuota de mercado.

Todas estas opiniones ratificaron las nuevas oportunidades y amenazas que se habían recogido en el Mapa Estratégico, y añadieron una nueva oportunidad: expandirse como un centro combinado de cirugía ambulatoria de otorrinolaringología y cirugía plástica.

La discusión del posicionamiento del Centro en el eje de los Factores de Fortaleza de Negocio (eje de las "X") era relativamente más fácil que en el eje de los Factores de Atractividad de Mercado, ya que vendría dada por la cuota de mercado, es decir, por el porcentaje total de pacientes que acudían al Centro, comparado con la competencia.

El administrador indicó que era aproximadamente del 35%, lo cual colocaba al Centro en un nivel de 4 en una escala del 1 al 9.

Gráficamente el posicionamiento del Centro luciría de esta manera:

Factores de Atractividad de Mercado

1. Seguridad jurídica
2. Rentabilidad de la inversión
3. Financiamiento
4. Disponibilidad de insumos, equipos y personal
5. Tamaño del mercado

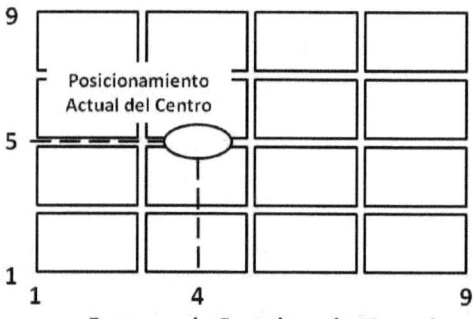

Factores de Fortaleza de Negocio

1. Ubicación
2. Estacionamiento
3. Especialistas con experiencia
4. Adiestramiento en atención al paciente
5. Actualización a los especialistas
6. Equipos modernos
7. Relaciones con médicos internistas
8. Acuerdos con compañías de seguros
9. Promoción y mercadeo
10. Capacidad de atención

En resumen, la discusión había aportado nuevas oportunidades como era la de crear el área de cirugía ambulatoria, agregar servicios de cirugía plástica para la esfera otorrinolaringológica, ampliar la relación con médicos generales e internistas y con las compañías de seguro y además hacer conocer las opciones y características distintivas del Centro a los pacientes de la competencia. También había develado un nuevo problema como era la demora en fijación de citas a los pacientes.

A continuación el equipo consultor pidió a los directivos que vieran de nuevo el Mapa Estratégico para discutir tres aspectos fundamentales: qué estaba ocurriendo en el entorno, qué estaban haciendo los competidores y qué estábamos haciendo nosotros. La idea era identificar nuevas oportunidades y amenazas, así como también nuevos problemas recurrentes.

La discusión de lo que estaba ocurriendo en el entorno arrojó otro aspecto interesante: cada vez más observaban que pacientes, especialmente los que eran obesos o tenían sobrepeso, estaban tomando conciencia de de sus dificultades respiratorias al dormir por lo que se abría una oportunidad de instalar un laboratorio para el diagnóstico de la apnea del sueño. Su diseño es sencillo, tecnológicamente sólo requiere de un equipo tipo monitor, y en la región existía un grupo que realizaba dicho estudio de manera informal (en un apartamento), ya que no lo tenían integrado a su centro de salud. La ubicación, facilidad de estacionamiento, y seguridad del centro hace que sea posible la implementación de esta idea.

La discusión de lo que estaban haciendo los competidores también puso de manifiesto que estos habían adoptado una posición conservadora en cuanto a crecimiento y no estaban afrontando la situación a largo plazo, por lo cual no estaban absorbiendo el crecimiento del mercado y estaban dejando insatisfecha las necesidades de los pacientes. Esto también se vio como un refuerzo a la oportunidad de aumentar la cuota de mercado, pero requería resolver el problema de capacidad.

Finalmente la discusión de lo que estábamos haciendo puso de manifiesto que existían posibilidades de aumentar la capacidad del Centro, si se ampliaba la gama de servicios a ofrecer y se optimizaban algunos procesos.

Capítulo IX

¿Qué podría ocurrir? La exploración del futuro

En los inicios de la planificación estratégica empresarial, a mediados del siglo pasado, las empresas poseían un control relativamente fuerte sobre los mercados, consecuencia de la escasez producida por la Segunda Guerra Mundial por un lado, y por el acceso más restringido a la información, por el otro.

En estas condiciones, los primeros modelos de planificación estratégica se preocuparon más por la forma de proyectar la empresa en entornos relativamente estables, donde la demanda superaba la oferta, y donde se podía utilizar el pasado para predecir el futuro.

El modelo imperante, por los buenos resultados que había traído en la práctica, estaba inspirado en el modelo de planificación centralizada de la Unión Soviética. En este modelo el futuro se proyectaba a partir de lo que había ocurrido en el pasado de una manera lineal y se predeterminada donde podría estar la empresa en un período fijo de tiempo, que usualmente era de cinco años, copiando los planes quinquenales de la URSS.

> **Al comienzo de la planificación estratégica empresarial, el futuro se proyectaba a partir de lo que había ocurrido en el pasado, de una manera lineal, y se predeterminada donde podría estar la empresa en un período fijo de tiempo. Eso funcionaba en entornos estables donde la demanda superaba la oferta**

Ya en los años 60 esta forma de planificación comenzó a perder efectividad debido a la aceleración de los cambios en el entorno, impulsados principalmente por las nuevas tecnologías.

Las grandes empresas, y entre ellas las petroleras, comenzaron a darse cuenta de que los planes elaborados para los próximos años rápidamente perdían vigencia. Sin embargo las unidades operacionales seguían ejecutándolos, por lo que, en muchas ocasiones, la realidad iba por un lado, y los planes por el otro, conduciendo al logro de objetivos inadecuados para el entorno en el cual se desenvolvía la empresa, incurriéndose en costos e ineficiencias.

Esto hizo dudar a muchos de la conveniencia de realizar cualquier tipo de planificación. Ante esta situación, el francés Pierre Wack, quien dirigía el grupo de planificación estratégica de la compañía petrolera Shell, comprendió la importancia de cambiar el paradigma y la metodología seguida hasta entonces.

Con la evidencia de la dificultad que representaba poder predeterminar el futuro, debido a la dinámica de los cambios en el entorno, propuso su célebre principio de que "el futuro no se puede predecir y es peligroso tratar de hacerlo".

> **La planificación tradicional perdió vigencia ante la dificultad que representaba poder predeterminar el futuro, debido a la dinámica de los cambios en el entorno. Fue cuando Wack propuso su célebre principio de que "el futuro no se puede predecir y es peligroso tratar de hacerlo"**

¿Entonces cómo hacer planificación estratégica? La respuesta viene dada por su segundo principio: si bien no podemos predecir el futuro, lo que si podemos es anticipar futuros divergentes, extremos y opuestos, a los cuales denominó escenarios (copiándose la palabra de Hollywood). Si nos preparamos para esos futuros extremos, estaremos preparados para cualquier otra situación del mundo real.

> **Si bien no podemos predecir el futuro, si podemos anticipar futuros divergentes, extremos, y opuestos denominados escenarios. Si nos preparamos para esos escenarios, estaremos preparados para cualquier otra situación del mundo real**

Este cambio de paradigma podría haber pasado como una elucubración teórica, de no ser por haber demostrado su efectividad, en la práctica. Anticipó lo que ocurriría en el mundo petrolero con la caída del Sha de Irán, y además previno a los países occidentales de las primeras crisis petroleras de los años 70.

Los beneficios para la Shell fueron incalculables y la llevaron cambiar su posicionamiento de ser una de las últimas petroleras mundiales, para llegar a ser una de las primeras. Pronto las grandes empresas comprendieron que lo que beneficiaba a la Shell podía beneficiar a cualquiera de ellas y rápidamente adoptaron esta técnica.

Escenarios en Organizaciones de Salud Privadas
De la misma manera, estos beneficios se pueden extender a cualquier Centro de Salud. Un escenario, tal como es usado en las obras de teatro o películas, es un montaje en donde se desarrolla una trama.

En nuestro caso sería un ejercicio hipotético en el cual realizamos un planteamiento de situaciones, o eventos, que pudieran ocurrir a futuro y los colocamos en el contexto actual de la empresa (el escenario) para conocer cómo nos cambia el panorama, cómo lo podríamos enfrentar y qué herramientas necesitamos para tratar de resolver o buscar solución a lo planteado.

La elaboración de escenarios ha demostrado traer inmensos beneficios a cualquier empresa, más aún a aquellas que enfrentan los denominados entornos VIC (volátiles, inciertos y cambiantes). La técnica para elaborarlos puede ser compleja y sofisticada, como la que usan las grandes empresas, pero también puede ser simple, sin perder su poder. Lo fundamental es que se elaboren dos escenarios extremos (que los pioneros de esta técnica acostumbraron a llamar con nombres jocosos, pero descriptivos, como por ejemplo:"no hay luz al final del túnel" y "sol brillante y despejado").

Factores críticos del entorno en la construcción de escenarios

Para elaborarlos se escogen los factores del entorno que pueden influir positiva, o negativamente, en nuestra empresa en particular y en un viaje imaginario los hacemos evolucionar en un sentido u otro, hasta configurar dos escenarios diferentes y opuestos.

> **Para elaborar los escenarios se escogen los factores del entorno que pueden influir positiva, o negativamente, en nuestra empresa en particular y en un viaje imaginario los hacemos evolucionar en un sentido u otro, hasta configurar dos escenarios diferentes y opuestos**

El uso del "mapa estratégico" de nuestra empresa nos facilita esa escogencia. Si el éxito depende, por ejemplo, de poder adquirir tecnología de punta, tener profesionales con experiencia, contar con medicinas e insumos requeridos para operar eficientemente y contar con pacientes de cierto poder adquisitivo, podríamos preguntarnos, qué factores del entorno podrían influir en su disponibilidad.

La respuesta nos permitiría identificar algunos de los factores más importantes, como por ejemplo, el valor de la moneda, la facilidad de importación, las regulaciones gubernamentales, etc.

De Autoempleados a Empresarios

Haciendo evolucionar esos factores, en uno u otro sentido, podemos construir dos escenarios, extremos y opuestos. El primero de ellos (el escenario "No hay luz al final del túnel") respondería a la pregunta ¿Qué pasaría si la moneda se devalúa, aumentan las restricciones de importación y el gobierno incrementa su regulación y control sobre los Centros de Salud Privados?

El segundo escenario ("Sol brillante y despejado") respondería a la pregunta ¿Qué pasaría si hubiera un cambio económico que permitiera revalorizar la moneda, eliminar las restricciones de importación y liberalizar las regulaciones sobre la empresa?

Usualmente hay tres tipos de factores del entorno que inciden en el futuro: un primer tipo son los factores de los que se puede estimar, con relativa certeza, su evolución en los próximos años porque provienen de acciones que se han tomado, o se han dejado de tomar en el pasado. Por ejemplo, la formación en el país de nuevos profesionales de salud, o la calidad de la educación impartida.

Un segundo tipo de factores son los que dependen de las decisiones de actores con poder. Por ejemplo, si el gobierno propicia incentivos para la creación de centros de salud privados, o si por el contrario, pretende desarrollarlos por sí mismo. Estos son factores sobre los que no tenemos certeza en el futuro y por consiguiente hay que representarlos en escenarios extremos y opuestos.

Un tercer tipo de factores son los que no se pueden prever porque no dependen de acciones del pasado, o de decisiones de actores, sino de acontecimientos más o menos imprevistos. Un ejemplo sería un desastre natural, como un terremoto, que podría incrementar inesperadamente el número de pacientes, de una forma drástica.

Sin embargo la utilidad del ejercicio no está tanto en predecir con exactitud alguno de estos escenarios, sino en aprender a anticipar y dar respuestas rápidas y asertivas a diferentes situaciones que se pueden presentar.

> **La utilidad del ejercicio no está tanto en predecir con exactitud alguno de los escenarios, sino en aprender a anticipar y dar respuestas rápidas y asertivas a diferentes situaciones que se pueden presentar**

Repercusiones para la empresa

Cuando se analizan las posibles repercusiones, observamos que se presentan oportunidades y amenazas, para la empresa, en cada escenario, aunque no sea tan evidente al comienzo.

Por ejemplo, en el escenario "no hay luz al final del túnel", las amenazas serían la escasez de medicinas e insumos, la obsolescencia de equipos, la pérdida de personal calificado, etc.

Pero también surgirían oportunidades, como por ejemplo, la salida de competidores, la optimización de costos, la adecuación de servicios, a la atracción de otros sectores del mercado (turismo en salud) aprovechando la devaluación de la moneda, medicina virtual, etc..

De igual manera, en el escenario "sol brillante y despejado" surgirían oportunidades tales como el suministro de nuevos servicios, la adquisición de nuevos equipos, la ampliación de instalaciones, etc. Pero también habría amenazas como la aparición de nuevos competidores.

Otro ejemplo para ilustrar lo anterior

Veamos lo anterior en otro ejemplo: decidimos realizar un centro de especialidades de diabetología (para el paciente diabético). Queremos ofrecer de manera ambulatoria, en un mismo lugar, todos los servicios necesarios para este tipo de patología (Medicina Interna, Endocrinología, Nutrición, Oftalmología, Podología, Nefrología, Psicología, laboratorio, etc.).

Una vez evaluado el escenario actual, con nuestras fortalezas y oportunidades, nos imaginamos el primer escenario: ¿Qué pasa si debido a regulaciones gubernamentales hay un cambio en la captación de ingresos (regulación de honorarios y de precios de servicios)? ¿Cómo esta nueva condición nos afecta lo planificado?

De acuerdo a esta nueva realidad planteada, podemos visualizar cómo se comporta el modelo, ¿Cómo adaptarnos para sobrevivir? ¿Cómo seguiremos prestando el servicio sin bajar la calidad? ¿Dentro del cambio de las reglas del juego, habrá un punto en donde podemos trasladar costos? ¿Cómo manejaríamos el tema de pagos de profesionales por prestación de servicio?¿Cómo agregar valor a nuestro servicio para que el paciente siga acudiendo, a pesar del incremento de precios?

Siempre que hay un cambio, el mismo trae tanto riesgos como oportunidades. Los riesgos, en especial para la empresa es lo primero en observar. Sin embargo, lo que puede ocurrirle a uno, le pasaría a todas las demás empresas de salud.

La salida del mercado de las empresas que no sobrevivan al nuevo entorno, se convierte en potenciales oportunidades para las más adaptadas. ¿Cómo manejar la situación y sacar provecho del entorno y al mismo tiempo minimizar los riesgos?

El segundo escenario sería el totalmente positivo: ¿qué pasa si el proyecto es todo un éxito, no hay en el mercado algo igual, el marco regulatorio te favorece, y la demanda es mucho mayor de lo esperado? ¿Cómo vamos a hacer para afrontarla? ¿Cómo esta gran demanda no planificada nos afecta nuestro servicio? ¿Qué tenemos que hacer para evitar el riesgo de brindar un mal servicio?¿Cómo garantizar la fidelidad de nuestros pacientes? ¿Replicar el modelo exitoso en otro lugar o crecer en el mismo?

Observemos que una gran respuesta de los pacientes, la cual es positiva para el negocio, se puede tornar en una amenaza. Pueden florecer nuevas empresas tratando de copiar nuestro modelo. ¿Cómo vamos a actuar, y qué acciones vamos a tomar para evitar este giro?

Como el capitán de un barco, el directivo de un Centro de Salud Privado debe pararse en el puente y conocer cuáles serán las condiciones externas que podrían esperarse durante el trayecto planificado.

Por ejemplo, en el área regulatoria que hoy en día están siendo más rigurosa: ¿Habrá algún cambio de las variables arquitectónicas que hay que cumplir? Si tiene la oportunidad de escoger el local o si lo va a construir, de acuerdo al marco legal, ¿Podría escoger un lugar que lo haga más atractivo (vialidad, crecimiento urbano, servicios públicos, etc.)?

Desde el punto de vista de procesos, ¿Habrá alguna tendencia a regular las gestiones internas del Centro, por ejemplo: unidad de cirugía ambulatoria separada del hospital? ¿Habrá una tendencia a regular o gestionar la calidad o seguridad de la atención de pacientes tales como gestiones de acreditación?

¿Habrá alguna tendencia de que la codificación de diagnósticos sea solicitada a través del sistema de clasificación ICD-10?
Desde el punto de vista financiero, ¿habrá alguna tendencia a regular o normar los financiadores que haga que cambien sus preferencias? ¿Habrá una tendencia a la regulación de baremos de honorarios, de servicios o de cualquier otra índole los cuales deben ser conocidos?

Toda esta serie de interrogantes y muchas otras más que pudieran presentarse durante el análisis del posicionamiento actual, de acuerdo a la variabilidad de las regiones, deben ser formuladas y tratar de ser respondidas para elaborar los escenarios y analizar sus posibles repercusiones.

Los beneficios de planificar por escenarios

La técnica de planificación por escenarios ha demostrado traer grandes beneficios a las empresas que la practican. El mayor de ellos, contrario a lo que muchos suponen, no es la identificación de nuevas oportunidades y amenazas, que deben ser tomadas en cuenta a la hora de decidir el rumbo de la empresa, sino la apertura mental que produce en los directivos, para ganar anticipación y preparación, al ocurrir los cambios en el entorno.

Una anécdota atribuida al empresario Aristóteles Onassis cuenta que en una oportunidad un periodista le preguntó que cuál era el secreto de su éxito. Onassis respondió: ¿Usted ve aquella silla que está allá? A lo que el periodista respondió: sí. Entonces Onassis le dijo: ¡pues yo la vi primero!

La construcción de escenarios, y su análisis, no es sólo un viaje intelectual. Es también, y principalmente, un viaje emocional que nos prepara para aceptar que cosas, positivas o negativas, pueden ocurrir, y nos obliga a pensar cómo hacerles frente de manera creativa e innovadora.

> **La construcción de escenarios, y su análisis, no es sólo un viaje intelectual. Es también, y principalmente, un viaje emocional que nos prepara para aceptar que cosas, positivas o negativas, pueden ocurrir, y nos obliga a pensar cómo hacerles frente de manera creativa e innovadora**

Esto nos lleva a otro gran beneficio, al usar esta técnica, como el fomento de la creatividad dirigida, en el equipo directivo. De esta manera, al igual que un atleta que entrena para una competencia, podemos estar preparados por si estas eventualidades o alguna similar llegara a pasar.

¿Cómo podríamos prepararnos para la escasez de medicinas y la obsolescencia de equipos? ¿Qué podríamos hacer para retener el personal experimentado? ¿Cómo podríamos aprovechar las oportunidades de darse el escenario "sol brillante y despejado"? ¿Cómo mantener la calidad de nuestro servicio, y la fidelidad de nuestros clientes, ante una gran demanda no anticipada? ¿Que tendríamos que anticipar?

Por supuesto, al final hay que tomar decisiones concretas sobre cuál rumbo seguir. Pero, y este es otro beneficio adicional de esta técnica, el equipo directivo se entrena para tener la flexibilidad necesaria y así responder adecuadamente a los cambios en el entorno, y adquirir la capacidad de aprender y responder más rápido que los competidores, de una manera asertiva.

Esto es reconocido como una de las ventajas competitivas más difíciles de imitar, y por lo tanto más sustentable, que puede desarrollar una empresa.

Consecuencias de la técnica de planificación por escenarios

El cambio introducido por Wack, transformó la forma de planificar tradicional. En lugar de planificar por períodos de tiempo fijo (por ejemplo cinco años), o en una época determinada del año, la planificación estratégica pasó a ser un ejercicio continuo ante una realidad cambiante.

Como los escenarios se elaboran a partir de supuestos, en un momento dado del tiempo, tan pronto cambien esos supuestos, hay que cambiar los escenarios y reevaluar el rumbo que estamos tomando.

Anticipación, adaptabilidad, flexibilidad y rapidez en el cambio de rumbo, pasan a ser cuatro factores esenciales que deben desarrollar los estrategas modernos.

Anticipación, adaptabilidad, flexibilidad y rapidez en el cambio de rumbo, pasan a ser cuatro factores esenciales que deben desarrollar los estrategas modernos

---

Otra consecuencia de esta nueva forma de planificar es la focalización en lo cualitativo, por encima de lo cuantitativo. Lo más importante son las tendencias. Los detalles se dejan para el plan operativo, pero debemos asegurarnos, primero que nada, el rumbo estratégico general.

Posteriormente, con la llegada de nuevas concepciones, unas aportadas por el movimiento de calidad japonés y otras por académicos y consultores, especialmente cercanos a Harvard, se desarrollaron metodologías novedosas que incrementaron la eficiencia y eficacia en la planificación estratégica.

Caso de estudio: Los Escenarios y sus repercusiones

Siguiendo con sus el ejemplo del "Centro de Otorrinolaringología Respirar", para la exploración del futuro el equipo consultor hizo una introducción explicando que la manera más sencilla de construir escenarios era examinando el Mapa Estratégico e identificar los factores del entorno que podían tener una incidencia relevante en los factores críticos del Centro.

Uno de los socios manifestó que en las circunstancias actuales él tenía dudas acerca de si valía la pena realizar el ejercicio, dado el grado de incertidumbre que confrontaban. No obstante, después de reflexionarlo entre los integrantes del equipo se concluyó de que nada se perdía explorando las diversas opciones, que siempre se podían tomar las acciones que fueran necesarias y que nunca es malo tener listas otras opciones en caso de que las circunstancias cambiaran.

Con estas consideraciones y después de varias discusiones los participantes desarrollaron dos escenarios, que cumplían con la condición de ser extremos y opuestos, pero además posibles, aunque no necesariamente probables. Siguiendo la tradición de los creadores de la técnica, los denominaron con nombres jocosos.

Primer escenario: **No hay luz al final del túnel**
En este escenario se agravan las condiciones económicas del país, producto de una nueva crisis económica mundial, se reduce la disponibilidad de insumos críticos, tales como medicinas y materiales médicos quirúrgicos. Se incrementa fuertemente la inflación, hay escasez de personal profesional capacitado en el área de salud, por las migraciones al exterior, y el gobierno tiende a intervenir, especialmente en la fijación de honorarios profesionales y ganancias del Centro.

Segundo escenario: **El país de las maravillas**
En este escenario, si bien hay un efecto inflacionario, el mismo se va moderando por las políticas públicas. El país se reactiva económicamente, hay fuertes inversiones, regresan muchos profesionales de la salud que se han ido, el gobierno estimula la iniciativa privada, especialmente en el área de salud, mediante rebajas impositivas y simplificación de procesos, se incrementa la producción de medicinas y otros materiales médicos.

¿Qué repercusiones tiene cada escenario en el Centro, en cuanto a nuevas oportunidades y amenazas?

Examinando el **primer escenario**, los participantes discutieron lo que podría pasar si se agravan las condiciones actuales. Los razonamientos estuvieron encaminados a reconocer que por una parte sería difícil mantener los niveles de calidad en la atención al paciente en lo referente a la medicina y a la actualización de los equipos.

Sin embargo como eso afectaría por igual a la competencia, si se mantienen las características distintivas de trato al paciente y se aprovecha la experiencia y conocimientos de los médicos, se podría captar aquellos pacientes que la competencia no pudiera atender.

Después de listar y "paretizar" las diversas amenazas y oportunidades mencionadas, los participantes identificaron las más relevantes:

Amenazas
Incapacidad del Centro para atender adecuadamente a los pacientes
Posible cancelación de intervenciones complejas por falta de insumos.
Tecnología de punta: se convierte en un problema por falta de repuestos y mantenimiento.
Multas por incumplimiento de trámites burocráticos

Oportunidades
Captar pacientes que la competencia no podrá atender adecuadamente
Posibilidad de focalizarse en un tipo de técnica quirúrgica en la cual tienen tanto la tecnología como el equipo médico capacitado para realizarla. Dicha técnica ahorraría insumos que pudieran usarse en otras intervenciones.
Realizar una política de control de costos. Crear "paquetes quirúrgicos" de insumos esenciales por intervenciones quirúrgicas tipo.

En la discusión del segundo escenario, los participantes estimaban que de mejorar sustancialmente la situación económica y cambiar las políticas gubernamentales, habría un estímulo para el crecimiento de los centros de salud privados y el regreso de muchos profesionales de la salud que habían salido del país.

Esto despertaría mayor competencia entre los centros y la posibilidad de que la competencia tratará de captar el personal ya formado de nuestro Centro. Pero también habrían condiciones para crecer, no sólo en el Centro actual, sino geográficamente.

De allí que surgieran las siguientes amenazas y oportunidades como las más relevantes:

Amenazas
Incremento de la competencia
Migración de profesionales del Centro a la competencia, por mejores condiciones laborales.
Disminución de la calidad del servicio si la demanda de pacientes es superior a la oferta planificada.
Oportunidades
Expansión del Centro a otras áreas geográficas

TERCERA PARTE

La Formulación de la Estrategia y el Plan Estratégico

Capítulo X

¿Qué deberíamos hacer? Opciones Estratégicas y Movimientos Estratégicos

Este es uno de los momentos estelares del proceso de alineación estratégica. Se realiza mediante un ejercicio de "creatividad dirigida" donde debemos sacar provecho de todos los conocimientos, experiencias, intuiciones e ideas creativas e innovadoras de los miembros del equipo. Para hacerlo es conveniente propiciar el contexto que permita desarrollar esa creatividad.

Hasta este momento, durante nuestro periplo, hemos detectado una serie de oportunidades y amenazas, actuales y potenciales, y de ventajas que poseemos, o que deberíamos poseer, y de problemas que debemos tomar en cuenta en el momento de la elaboración de estrategias. Igualmente la exploración de diversos escenarios nos ha permitido identificar nuevas oportunidades y amenazas en cada uno de ellos. Es el momento de hacer un resumen de lo que el equipo directivo ha encontrado.

Algunas organizaciones utilizan la matriz FODA (Fortalezas, Oportunidades, Debilidades y Amenazas). El problema, en muchas empresas, es que construyen esta matriz de una manera intuitiva, sin un análisis sistémico como el que hemos visto, y muchas veces sin una exploración de escenarios.

Esto puede conducir a la generación de una serie de opciones que en definitiva dan la sensación de seguridad en el rumbo, aunque no están bien fundamentadas.

La manera más simple y efectiva de utilizar esta técnica es colocando las ventajas, los problemas, las oportunidades y las amenazas, una vez "paretizadas" para seleccionar las pocas vitales, no en una matriz, sino como lados de un rectángulo en cuyo centro debemos explorar las opciones estratégicas que tenemos, para definir el rumbo a seguir, tal como se representa en la figura a continuación. Este diagrama centra la atención en los principales problemas y amenazas, así como en las ventajas y oportunidades (PAVO)

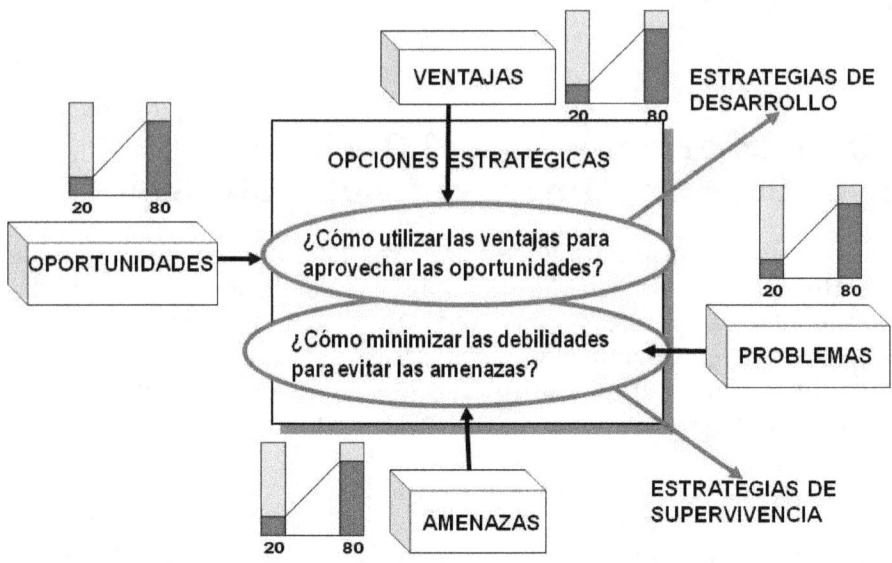

La manera más simple y efectiva de utilizar esta técnica es colocando las ventajas, los problemas, las oportunidades y las amenazas, una vez "paretizadas" para seleccionar las pocas vitales, no en una matriz, sino como lados de un rectángulo en cuyo centro debemos explorar las opciones estratégicas que tenemos, para definir el rumbo a seguir

Sin embargo, al hacerlo, es conveniente "filtrar" todo lo que hemos encontrado, antes de colocarlo en este diagrama PAVO.

Procesamiento del lenguaje

Uno de los aspectos más importantes, que han destacado los analistas modernos, para facilitar la comunicación, es la depuración del lenguaje organizacional. En la vida diaria descuidamos la forma como expresamos nuestras ideas. De esta manera tendemos a confundir las oportunidades con las acciones para aprovecharlas, los problemas con las amenazas y a "saltarnos" la cadena de causalidad. Esto puede repercutir no sólo en dificultades de comunicación, sino además en pérdida de creatividad.

> **En la vida diaria descuidamos la forma como expresamos nuestras ideas. De esta manera tendemos a confundir las oportunidades con las acciones para aprovecharlas, los problemas con las amenazas y a "saltarnos" la cadena de causalidad. Esto puede repercutir no sólo en dificultades de comunicación, sino además en pérdida de creatividad**

Lo ilustraremos con varios ejemplos de los que frecuentemente surgen en las reuniones de alineación estratégica.

Ejemplo Nº1. Un participante dice: "Tenemos la oportunidad de abrir dos nuevos consultorios, por el crecimiento del número de pacientes". Realmente, las oportunidades y amenazas están en el entorno, mientras que los problemas y las ventajas están dentro de la empresa. En este ejemplo la oportunidad es el crecimiento en el número de pacientes (entorno) y la acción para aprovecharla sería abrir dos nuevos consultorios.

Al combinar ambas corremos el riesgo de matar la creatividad. En cambio al diferenciarlas, podemos plantearnos: existe una oportunidad en el entorno que es el crecimiento del número de pacientes. ¿Cómo podemos aprovecharla? Una opción es la vía propuesta: abrir dos nuevos consultorios. Pero ¿Hay otras opciones? Podríamos, por ejemplo, considerar extender los horarios de consulta, abrir consulta los fines de semana, etc. De esta manera, forzamos nuestra imaginación a buscar siempre varias opciones antes de tomar una decisión.

Ejemplo Nº2. Otro participante dice: "De darse un escenario de economía floreciente, se presenta la amenaza de migración de personal clave a nuevos competidores". En este caso la verdadera amenaza está en la aparición de nuevos competidores (entorno).

Una de las repercusiones para nuestra empresa podría ser la aparición de un problema: la migración de personal clave. ¿Pero sería ése el único problema que representa la aparición de nuevos competidores? Una vez más usar el lenguaje adecuado nos permite identificar problemas potenciales que debemos adelantar.

Normalmente, el equipo consultor posee las pericias requeridas en técnicas de procesamiento de lenguaje, para ayudar a los participantes a depurar los hallazgos hechos hasta el momento.

Esto permite distinguir lo que son las verdaderas oportunidades, amenazas, problemas potenciales y acciones (ya sea para aprovechar las oportunidades, para contrarrestar las amenazas, o para resolver los problemas potenciales). No obstante, esta corrección no es conveniente hacerla ni durante las entrevistas, ni en las fases anteriores del ejercicio de alineación estratégica, ya que frenaría la espontaneidad de los participantes.

Las preguntas clave en el diagrama PAVO

Las preguntas esenciales para hacer el ejercicio son: ¿Cómo utilizar las ventajas que ya poseemos, o cómo crear nuevas ventajas, para aprovechar las oportunidades más valiosas? Y ¿Como minimizar las amenazas, ya sea corrigiendo problemas, o generando nuevas ventajas?

Las preguntas esenciales para hacer el ejercicio son: ¿Cómo utilizar las ventajas que ya poseemos, o cómo crear nuevas ventajas, para aprovechar las oportunidades más valiosas? Y ¿Como minimizar las amenazas, ya sea corrigiendo problemas, o generando nuevas ventajas?

Las respuestas a estas preguntas nos conducen a la generación de estrategias de desarrollo y estrategias de supervivencias, ambas indispensables para el éxito del Centro de Salud. Pero antes de hacerlo es conveniente tomar conciencia de las principales opciones estratégicas generales que podemos considerar.

Generación de opciones estratégicas

Antes de establecer los movimientos estratégicos debemos distinguir si estamos manejando un sólo "negocio" o varios. Recordemos que una misma empresa puede tener varias "unidades de negocios". Como lo comentamos anteriormente un Centro de Salud Privado podría tener unidades de dermatología, cardiología, cirugía, traumatología, etc.

Lo que diferencia a un negocio de otro son tres elementos: tener una clientela diferenciada, una competencia diferenciada y productos diferenciados para satisfacer las necesidades de esa clientela.

Cuando tenemos un solo "negocio", como el ejemplo que hemos comentado de la unidad dermatológica, orientada fundamentalmente a cosmetología, podemos agrupar las diversas oportunidades que se nos presentan en cuatro opciones básicas: mantenimiento del negocio, penetración de nuevos mercados, innovación en los mercados actuales y penetración innovadora en nuevos mercados.

Opciones Estratégicas

		Actuales	Nuevos
Servicios de Salud	**Nuevos**	**Innovación** Servicios nuevos en mercados actuales	**Penetración Innovadora** Servicios nuevos en nuevos mercados
	Actuales	**Mantenimiento** Servicios actuales en mercados actuales	**Penetración** Servicios actuales en nuevos mercados

Mercados

<u>Opción de mantenimiento:</u> se centra en mantener los mercados actuales con los mismos productos y servicios que estamos ofreciendo. Cuando se escoge esta opción básicamente la estrategia se enfoca en corregir las deficiencias de funcionamiento actual y en aprovechar las debilidades de los competidores actuales para incrementar nuestra clientela.

En esta opción, analizamos nuestros procesos internos con la finalidad de hacerlos más eficientes e incrementar así la calidad del servicio y la rentabilidad del negocio. Por ejemplo: Informatizar la entrega de resultados de las biopsias y otros exámenes, a través de correo electrónico. De esta manera el paciente recibe la información sin necesidad de acudir al centro.

También podemos analizar las características distintivas de competitividad (CDC) que nuestros competidores están ofreciendo y nosotros no, y a partir de allí utilizar nuestras ventajas, o adquirir nuevas ventajas, para producir características distintivas similares o mejores.

En nuestro ejemplo del centro dermatológico, podría ser, ofrecer un servicio de "valet parking" gratuito en el estacionamiento, ya que en nuestro Centro es difícil estacionarse, y así competir con otros centros del mercado que ofrecen estacionamiento gratis.

<u>Opción de penetración de nuevos mercados:</u> se centra en la expansión de nuestro "negocio" en otros mercados, aprovechando la experiencia y el prestigio desarrollado y otras ventajas.

Se pueden considerar diversas posibilidades, como el establecimiento de nuevos centros en otras áreas geográficas, crear un sistema de franquicias, etc.

En nuestro ejemplo una vez dominado y sistematizado el proceso de atención del paciente cosmetológico, sería abrir un nuevo Centro, que tenga las mismas características que el original, en otra zona o en otra ciudad.

En este caso nos focalizamos en sistematizar y documentar nuestro modelo de negocios, y en conocer las características de los nuevos mercados, para elegir aquellos que mejor cumplan con nuestros factores de atractividad de mercado (FAM).

<u>Opción de innovación en los mercados existentes</u>: en esta opción aprovechamos el mercado que ya tenemos y que confía en nosotros, para ofrecerle nuevos productos y servicios.

En nuestro ejemplo, podría ser ofrecer a la venta una línea de productos dermatológicos, o nuevos tipos de tratamiento, e incluso, tratamientos complementarios de adelgazamiento, o dietéticos, para mejorar la apariencia.

Se podría lograr una alianza estratégica con un laboratorio dermatológico para trabajar y ofrecer sus productos a los pacientes. También se podría pensar en ofrecer información a los pacientes a través de charlas presenciales, vídeos, etc. como parte de un servicio VIP. El objetivo innovar para ofrecer productos o servicios complementarios o mejorados.

<u>Opción de penetración innovadora</u>: en esta opción aprovechamos las ventajas adquiridas para plantear un nuevo tipo de productos o servicios en un nuevo tipo de mercado.

Por ejemplo, en el caso del servicio dedicado a la cosmetología, se podría aprovechar el conocimiento y la experiencia en el manejo de este tipo de negocios, para ofrecer servicios de asesoría o inclusive ofrecer, como franquicia, la gama de procesos ya comprobados, a otros profesionales que estén deseosos de iniciarse como emprendedores.

La capacidad creativa y la experiencia del equipo jugará un papel importante en la elección de alguna de las opciones a seguir o en combinar varias de ellas.

La "creatividad dirigida"

El objetivo de esta fase del ejercicio de alineación estratégica es generar ideas que permitan construir opciones capaces de maximizar el posicionamiento del Centro de Salud, de una manera valiosa y sustentable. Recordemos que, durante la entrevista individual del equipo consultor con cada participante, previa a este ejercicio, se le había solicitado que pensara en cuatro preguntas:

-¿Cómo utilizar nuestras ventajas actuales para aprovechar las nuevas oportunidades?
-¿Qué nuevas ventajas debemos adquirir y para qué?
-¿Cómo contrarrestar las amenazas?

-¿Qué podemos hacer para resolver los problemas recurrentes?

Ha llegado el momento en que cada quién, con una visión y un conocimiento más completos e integrales del negocio, utilice el máximo de su creatividad para generar ideas capaces de producir una diferenciación en el mercado. Para ello solemos acuñar una primera regla: "Piensa lo impensable, para lograr lo increíble".

La primera regla para hacer el ejercicio de "creatividad dirigida" es: "Piensa lo impensable, para lograr lo increíble"

Con esta regla de por medio, una de las técnicas más eficaces para generar opciones estratégicas es la que denominamos "creatividad dirigida". En esta fase se le pide a cada participante que responda a cada una de las cuatro interrogantes, mencionadas anteriormente, sin ninguna restricción mental, es decir, anulando previamente los llamados "idea killers" (matadores de ideas).

Los "idea killers" son conocidos en el mundo organizacional como aquellas barreras mentales o prejuicios que nos limitan en la búsqueda de nuevas soluciones.

Entre los ejemplos más frecuentes de "idea killers" se encuentran: "eso es muy complicado", "la gente nunca va querer algo así", "si fuera tan bueno, ya alguien lo habría hecho", "eso se intentó antes y no resultó" y otros similares.
Como condicionamiento para el ejercicio el equipo consultor usualmente muestra una lista extensa de los "ideas killers" que se han identificado en diversas organizaciones.

Las metodología para efectuar "la creatividad dirigida" consta de dos fases: una individual y una en equipo:

En la primera fase individual la primera regla a seguir es enunciada anteriormente: "Piensa lo impensable, para lograr lo increíble". Esta fase contempla las siguientes actividades:
1. Cada participante debe responder las cuatro preguntas, pregunta por pregunta.
2. La respuesta de cada participante debe ser individual, por escrito y en silencio.

---

3. Se debe escribir cada propuesta en un papel adhesivo de una forma sencilla y resumida, de manera que pueda ser entendida por cualquier otro participante.

Finalizada esta fase, se colocan las respuestas en una pared, o pizarra, y se ordenan por afinidad para agrupar las ideas comunes o complementarias (el equipo consultor está entrenado para apoyar en esta actividad).

Realizado esto se comienza la fase de trabajo de equipo. Las tres reglas fundamentales para esta fase son: "Todas las ideas son válidas. Ninguna se puede descalificar a priori", "Toda idea se debe enfocar constructivamente y sin prejuicios. Suprimir los "ideas killers"" y "Ninguna opción será descartada. Simplemente escogeremos las mejores"

La discusión de cada opción estratégica estará enfocada a analizar si realmente esa opción es relevante para la supervivencia, es decir permite minimizar las amenazas, o es relevante para el desarrollo es decir permite aprovechar las oportunidades.

Esta es la oportunidad para que los participantes integren opciones complementarias en una opción única. Por ejemplo, una opción para un Centro de Salud podría ser contratar más personal calificado y otra podría ser adiestrar el personal nuevo en los procedimientos del Centro. Ambas se pueden consolidar en una opción que las abarque: Contratar y adiestrar nuevo personal especializado.

Un aspecto fundamental que hay que cuidar es que al redactar la opción final resultante, además del enunciado de la misma, coloquemos a continuación el alcance y el fin último perseguido. El alcance nos sirve para delimitar el contenido de la opción. Por ejemplo:
Opción: Contratar y adiestrar nuevo personal especializado
Alcance: llenar las vacantes del personal médico y de enfermeras existente, contratar un técnico de Rx adicional, adiestrar a todo el personal nuevo en las normas y procedimientos del Centro.

La finalidad servirá para clarificar la estrategia como veremos posteriormente. Ejemplo: Finalidad: asegurar una óptima atención al paciente y mantener la eficiencia y espíritu de colaboración en el personal.

> **Un aspecto fundamental que hay que cuidar es que al redactar la opción final resultante, además del enunciado de la misma, coloquemos a continuación el alcance y el fin último perseguido**

Cada opción estratégica que se identifique debe ser analizada para determinar, "a grosso modo" (a grandes rasgos) la cantidad y tipo de recursos que se requieren para llevarla a cabo.

Para esto hay que tomar en cuenta los recursos financieros, los recursos humanos, la tecnología que implica, los proveedores e insumos necesarios, los procesos y la infraestructura, el contexto legal y otra serie de factores que podemos desprender del mapa estratégico.

Escogencia de los Movimientos Estratégicos

Los movimientos estratégicos provienen de la elección del conjunto de opciones estratégicas, entre todas las examinadas, que nos den un posicionamiento más valioso y sustentable que el actual.

> **Los movimientos estratégicos provienen de la elección del conjunto de opciones estratégicas, entre todas las examinadas, que nos den un posicionamiento más valioso y sustentable que el actual**

Recordemos que el posicionamiento es más valioso en la medida en que reporte mayores beneficios, ya sea para los accionistas, para los clientes, o para ambos. La sustentabilidad vendrá determinada por el grado de dificultad que tenga la competencia para imitarnos y por la vigencia que tenga el valor aportado por los productos o servicios al cliente.

De Autoempleados a Empresarios

En nuestro ejemplo del centro dedicado a la dermatología, el descubrimiento de un nuevo tratamiento para la piel que los clientes aprecien como excelente, nos dará un mejor posicionamiento mientras la competencia no pueda reproducir nuestro tratamiento, ya sea por falta de conocimientos o experiencia, o por estar patentado. La aparición de nuevas tecnologías superiores a las nuestras hará perder la sustentabilidad de esa posición.

Los movimientos estratégicos son como los "golpes de timón" que da un marino para cambiar el rumbo de la nave. Son sentidos de dirección, normalmente generales, que luego habrá que transformar en objetivos específicos. Por ejemplo, establecer nuevos centros en otras partes de la ciudad, para ampliar el mercado, es un movimiento estratégico que luego debemos convertir en objetivos estratégicos.

Para la escogencia de cuáles de las opciones estratégicas debemos elegir como movimientos estratégicos, es conveniente pasar cada una de ellas por un triple filtro: impacto, facilidad de implantación y riesgo. Para esto se discute entre los participantes en qué grado (por ejemplo en una escala del 1 al 10), consideran ellos que la opción producirá un impacto favorable para el Centro (donde 1 es muy bajo y 10 es muy alto), en qué grado será fácil de implantar y que grado de riesgo implica. La discusión de estos tres aspectos será de grandes beneficios para aclarar el alcance de la opción.

Adicionalmente, es conveniente escribirlas en un lugar visible para todos los participantes, y debajo de cada una de ellas anotar los "pros" y los "contra" de cada una. Nuestra memoria de corto plazo es muy limitada en cuanto a lo que es capaz de retener y mantener. El fin último buscado con cada opción, así como sus "pros" y sus "contras", nos ayudará a tomar decisiones de mayor calidad.

Por supuesto, la escogencia final de las opciones estará condicionada por el grado de ambición, la capacidad de diferir la recompensa y la tolerancia al riesgo de los accionistas y directivos. Lógicamente se dará preferencia a aquellas opciones que tengan mayor impacto, sean más fáciles de implantar y conlleven menor riesgo.

La escogencia final de las opciones estará condicionada por el grado de ambición, la capacidad de diferir la recompensa y la tolerancia al riesgo de los accionistas y directivos

El problema se presenta cuando una opción tiene muy alto impacto, pero es más difícil de implementar o tiene mayor riesgo. Algunos accionistas estarán dispuestos a esperar más tiempo mientras se ejecuta la opción, mientras que otros preferirán otra opción, con menor impacto, pero de más fácil implementación. Lo mismo podemos decir en cuanto al riesgo, algunos preferirán opciones con menores impactos, pero que ofrezcan mayor seguridad, mientras que otros estarán dispuestos a correr mayores riesgos a cambio de mayores beneficios. Al final la composición y características personales de los directivos decidirá el rumbo a seguir.

Opciones estratégicas cuando existen varios negocios

En el caso de tener varias "unidades de negocios", es conveniente analizar cada una de ellas por separado, para establecer la potencialidad de cada negocio, en virtud de las oportunidades y amenazas, actuales o potenciales, y de las ventajas relativas que tengamos.

Una manera de hacerlo es ubicar el posicionamiento de cada "negocio" en la matriz de Factores de Atractividad de Mercado vs. Factores de Fortaleza de Negocio, y a partir de allí desarrollar el ejercicio de alineación estratégica para cada uno de ellos.

Supongamos por ejemplo que un Centro Clínico que conste de cuatro unidades de negocios diferentes:
A - Cirugía Maxilofacial
B - Traumatología
C - Cirugía Plástica
D - Cirugía Bariátrica

Realizado el ejercicio de diagnóstico para cada una de ellas, el posicionamiento actual se aprecia de la siguiente manera:

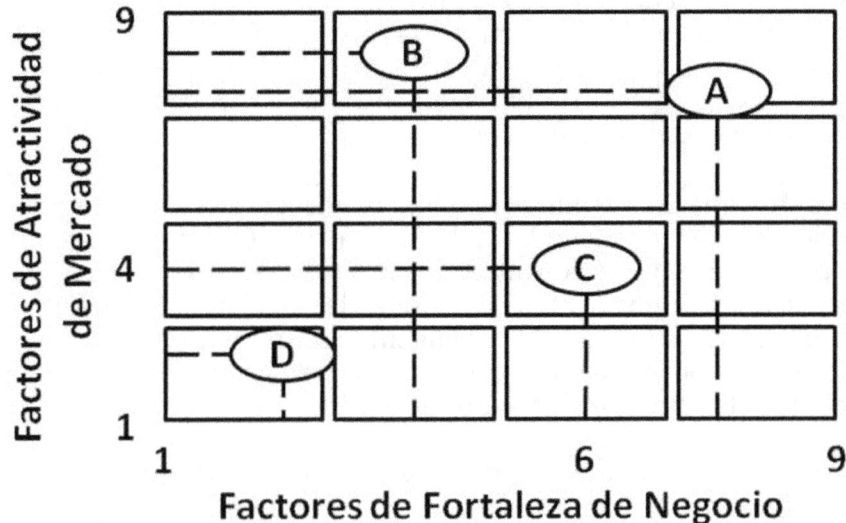

Factores de Fortaleza de Negocio

Sin embargo este es el punto de partida. Es necesario realizar el ejercicio de alineación estratégica para cada Unidad de Negocios, independientemente, hasta llegar a la escogencia de los movimientos estratégicos, los beneficios esperados y los recursos requeridos.

El problema que se presenta es que los recursos con los que contamos siempre son limitados. Por lo tanto, hay que repartirlos de acuerdo al beneficio que aporten las diversas Unidades, al posicionamiento global de la empresa, teniendo en cuenta la cantidad de recursos de diversos tipos que hay que invertir y el apalancamiento que cada Unidad le dé a las otras.

El problema que se presenta es que los recursos con los que contamos siempre son limitados. Por lo tanto, hay que repartirlos de acuerdo al beneficio que aporten las diversas Unidades al posicionamiento global de la empresa

---

En términos generales hay cuatro opciones para cada negocio: impulsarlo, dejarlo como está y usarlo como apalancamiento para negocios más promisorios, reducirlo en magnitud, o salir de él. Es importante que exista la alineación entre los directivos para decidir qué hacer con cada uno de ellos.

Caso de estudio: Escogiendo los Movimientos Estratégicos
Siguiendo con el ejemplo del "Centro de Otorrinolaringología Respirar", el equipo consultor puso a la consideración de los participantes el sexto punto de la agenda: Opciones Estratégicas y Movimientos Estratégicos. Previamente realizó una recopilación de las nuevas oportunidades, amenazas y problemas que se habían detectado durante el análisis efectuado hasta los momentos.

Como se recordará, del diagnóstico se identificaron nuevas oportunidades:
- La necesidad de tener un área de cirugía ambulatoria
- Pacientes que desean cirugía plástica junto con la intervención otorrinolaringológica
-Ampliar la relación con médicos generales e internistas y con las compañías aseguradoras.
-Promocionar las opciones y características distintivas del Centro a los pacientes de la competencia y ampliar la cuota de mercado atrayendo a pacientes insatisfechos.
-Atacar el segmento de pacientes con apnea del sueño.

También había develado un nuevo problema:
-La demora en fijación de citas a los pacientes.

De la exploración del futuro también habían surgido nuevas amenazas y oportunidades:

De darse el escenario **"No hay luz al final del túnel"** surgirían:
Amenazas
Incapacidad del Centro para atender adecuadamente a los pacientes
Posible cancelación de intervenciones complejas por falta de insumos.
Tecnología de punta: se convierte en un problema por falta de insumos
Multas por incumplimiento de trámites burocráticos

Oportunidades
Pacientes que la competencia no podrá atender adecuadamente

Ahorro de insumos mediante el uso de un tipo de técnica quirúrgica
Crear una política de control de costos, mediante "paquetes quirúrgicos"

De darse el escenario: **"En el país de las maravillas"** aparecerían:
Amenazas
Incremento de la competencia
Migración de profesionales del Centro a la competencia.
Disminución de la calidad de servicio si la demanda de pacientes es superior a la oferta planificada.

Oportunidades
Expansión del Centro a otras áreas geográficas

Llegado a este punto el equipo consultor hizo algunas observaciones técnicas: las oportunidades y amenazas se encuentran en el entorno, mientras que las ventajas y problemas están en la empresa. Por consiguiente no debemos confundir las amenazas con los problemas que originan. Igualmente no debemos confundir las acciones que podemos tomar para aprovechar las oportunidades, o para contrarrestar las amenazas, con las oportunidades y amenazas mismas. De esta manera, por ejemplo: "Incapacidad del Centro para atender adecuadamente a los pacientes" encierra, por una parte: una **amenaza** como lo es falta de insumos y de personal calificado, y un **problema** como es la incapacidad del Centro para atender adecuadamente los pacientes.

Así mismo podríamos poner otro ejemplo: "Captar pacientes que la competencia no podrá atender adecuadamente" encierra una **oportunidad**, que es: Pacientes que la competencia no puede atender por falta de capacidad, pero también una **acción**: captarlos (¿Cómo?). Estas distinciones, aunque parezcan sutiles, ayudan mucho en la comunicación y en la claridad de ideas.

Después de reajustar las oportunidades y amenazas que se habían detectado, siguiendo estos criterios, el cuadro quedó así:

Oportunidades
Incremento de pacientes que requieren cirugía
Nuevos pacientes: cubiertos por otras empresas de seguro,
con emergencias otorrinolaringológicas,
que desean cirugía plástica con la otorrinolaringológica,

referidos por médicos generales e internistas, insatisfechos o no atendidos por otros Centros, con apnea del sueño
Escenario No hay luz al final del túnel:
Pacientes no atendidos por la competencia
Escenario País de las Maravillas
Atender otras áreas geográficas

Amenazas
Escasez de insumos, repuestos y personal calificado
Regulaciones de tarifas
Multas por incumplimiento de trámites burocráticos

Escenario: El país de las maravillas
Incremento de la competencia
Demanda de pacientes mayor que la oferta planificada.

Problemas recurrentes:
Alta rotación de personal clave
Sueldos desfasados con la inflación
Fallas en controles administrativos
Demoras en intervenciones quirúrgicas por falta de quirófanos

Problemas potenciales en "No hay luz al final del túnel":
Capacidad del Centro y calidad de servicio
Mantenimiento de tecnología de punta
Cancelación de intervenciones quirúrgicas complejas

Problemas potenciales en "País de las Maravillas":
Migración de profesionales del Centro a la competencia, por mejores condiciones laborales
Disminución de la calidad del servicio por exceso de demanda

Acciones (para ser consideradas dentro de los Movimientos Estratégicos**)**
Extender horarios de atención a pacientes
Hacer acuerdos con nuevas empresas aseguradoras
Abrir un área de emergencias de otorrinolaringología
Captar pacientes no atendidos en otros Centros
Posibilidad de focalizarse en un tipo de técnica quirúrgica disponible, que ahorra insumos.
Crear una política de control de costos, mediante "paquetes quirúrgicos"

Expansión del Centro a otras áreas geográficas

El equipo consultor incorporó esos tópicos al gráfico PAVO (Problemas-Amenazas-Ventajas-Oportunidades)

OPORTUNIDADES:
Incremento de pacientes que requieren cirugía
Nuevos pacientes: cubiertos por otras empresas de seguro,
con emergencias otorrinolaringológicas,
que desean cirugía plástica con la otorrinolaringológica,
referidos por médicos generales e internistas,
insatisfechos o no atendidos por otros Centros,
con apnea del sueño
No hay luz al final del túnel: Pacientes no atendidos por la competencia
País de las Maravillas :Atender otras áreas geográficas

VENTAJAS:
Ubicación
Amplio estacionamiento
Especialistas con
experiencia
Sistema de adiestramiento
en atención al paciente
Cursos de actualización a
especialistas
Equipos modernos

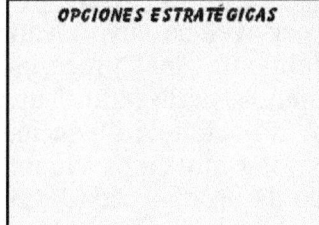

OPCIONES ESTRATÉGICAS

PROBLEMAS RECURRENTES:
Alta rotación de personal clave
Sueldos desfasados con la inflación
Fallas en controles administrativos
Demoras en intervenciones
quirúrgicas por falta de quirófanos
"No hay luz al final del túnel": calidad
de servicio y capacidad del Centro
Mantenimiento de tecnología de punta
Cancelación de cirugías complejas
"País de las Maravillas": Migración de
profesionales
Baja calidad del servicio por demanda

AMENAZAS:
Escasez de insumos, repuestos y personal calificado
Regulaciones de tarifas
Multas por incumplimiento de trámites burocráticos
País de las maravillas: Incremento de la competencia
Demanda de pacientes mayor que la oferta planificada

Al depurar los enunciados, los participantes se dieron cuenta de que, además de simplificarse el diagrama, algunas amenazas que habían surgido en el escenario "No hay luz al final del túnel", como la escasez de insumos, o las multas por incumplimiento de trámites burocráticos, ya estaban presentes.
Igualmente se percataron de que acciones como la creación de una política de control de costos, mediante "paquetes quirúrgicos" no dependían de un escenario.

Antes de comenzar con el ejercicio de "creatividad dirigida" un tópico de discusión importante fue explorar lo que cada uno de los participantes, especialmente los socios, pensaba acerca de cómo desarrollarse en el futuro, si por la vía del crecimiento del Centro existente, o por la vía de abrir nuevas sucursales en otros lugares.

A esto se le añadió la discusión de si agregar nuevos servicios complementarios o mantenerse con las especialidades actuales. El acuerdo fundamental es que todos estaban dispuestos a desarrollar y hacer crecer el Centro, y lo que faltaba por decidir era el cómo y el cuándo.

Durante el ejercicio de "creatividad dirigida surgieron un gran número de propuestas, las que, con el apoyo del equipo consultor, se consolidaron en unas pocas. Después de pasar por el filtro del impacto-implementación-riesgo, se escogieron las siguientes en las siguientes, como las más promisorias:

Opción estratégica 1: "Reingeniería" o rediseño del Centro actual
Esta era una opción de supervivencia cuyo alcance era: revisar los sistemas actuales, especialmente los procesos administrativos, técnicos y de recursos humanos, para garantizar: cumplimiento de los trámites burocráticos. Fijación de precios ajustados a la inflación. Salarios competitivos y ajustados a la inflación. Sistema de incentivos a través de bonos de productividad. Corregir las fallas en los controles administrativos. Automatizar al máximo para ganar velocidad, precisión y ahorrar recursos, financieros y humanos. Aligerar el sistema de citas a los pacientes. Aquí se incluyen las acciones de crear una política de control de costos, mediante "paquetes quirúrgicos" y de focalizarse en un tipo de técnica quirúrgica disponible, que ahorra insumos.

La finalidad última de esta opción era: mejorar la eficiencia y productividad, evitar pérdidas económicas por multas, debido al incumplimiento de trámites burocráticos y los efectos de la inflación, retención de personal clave y optimización de recursos humanos.

Opción estratégica 2: Asegurar la cadena de suministros
Esta también era una opción de supervivencia cuyo alcance era: realizar acuerdos con los principales proveedores de insumos (droguerías y cadenas de farmacias), explorar las posibilidades de importación directa de emergencia, creación de un "stock" óptimo de insumos, utilización de nuevas técnicas quirúrgicas para ahorrar insumos y estudiar las posibilidades de reciclaje.

Todo ello para garantizar los insumos necesarios para el tratamiento de los pacientes. La finalidad última era la de ahorrar costos y garantizar la calidad de atención.

Opción estratégica 3: Ampliación moderada
Esta era una opción de desarrollo cuyo alcance era: extensión de los horarios de consulta a los pacientes, añadir consultorios mediante una remodelación interna, estudiar la posibilidad de incorporar más personal, médico y de enfermeras, y abrir un laboratorio para el diagnóstico apnea del sueño. De esta manera poder captar pacientes insatisfechos, o no atendidos por la competencia, y nuevos pacientes con problemas de sueño. La finalidad era ampliar la cuota de mercado y la rentabilidad.

Opción estratégica 4: Expansión quirúrgica
Esta opción abarcaba: abrir un área quirúrgica para realizar las intervenciones en el Centro y contratar un especialista en cirugía plástica, para por una parte solventar el problema primario de falta de quirófanos y por otra añadir un valor agregado a los pacientes que quisieran mejorar su apariencia. La finalidad era disminuir la dependencia de otros Centros, bajar costos y aumentar la rentabilidad.

Opción estratégica 5: Proyección externa
El alcance de esta opción era ampliar las relaciones con médicos generales e internistas, capaces de referir pacientes, con las empresas de seguros actuales informando de servicios y mejoras, hacer acuerdos con nuevas empresas aseguradoras. Desarrollar una campaña de mercadeo dirigida a nuevos pacientes potenciales y a pacientes de la competencia, informando de los servicios y características distintivas del Centro.

La finalidad era incrementar la cuota de mercado, aprovechar al máximo la capacidad instalada del Centro, consolidar la "marca" e incrementar la rentabilidad.

Opción estratégica 6: Expansión máxima
Esta opción se centraría en prepararse para el escenario "El país de las maravillas", sistematizando y documentando el Centro para proceder a extender los Centros a otras áreas geográficas mediante un sistema de franquicias. La finalidad sería estar preparados para expandir el Centro, a la mayor velocidad posible, en caso de que ocurriera un cambio radical en las condiciones del entorno, consolidando la marca e incrementando la rentabilidad, con un limitado riesgo financiero

Consolidadas las opciones más promisorias el Diagrama PAVO quedó así:

OPORTUNIDADES:
Incremento de pacientes que requieren cirugía
Nuevos pacientes: cubiertos por otras empresas de seguro,
con emergencias otorrinolaringológicas,
que desean cirugía plástica con la otorrinolaringológica,
referidos por médicos generales e internistas,
insatisfechos o no atendidos por otros Centros,
con apnea del sueño
No hay luz al final del túnel: Pacientes no atendidos por la competencia
País de las Maravillas ;Atender otras áreas geográficas

VENTAJAS:	**OPCIONES ESTRATÉGICAS**	**PROBLEMAS RECURRENTES:**
Ubicación		Alta rotación de personal clave
Amplio estacionamiento		Sueldos desfasados con la inflación
Especialistas con	1. "Reingeniería" del Centro actual	Fallas en controles administrativos
experiencia	2. Asegurar cadena de suministros	Demoras en intervenciones
Sistema de adiestramiento	3. Ampliación moderada	quirúrgicas por falta de quirófanos
en atención al paciente	4. Expansión quirúrgica	"No hay luz al final del túnel": calidad
Cursos de actualización a	5. Proyección externa	de servicio y capacidad del Centro
especialistas	6. Expansión máxima	Mantenimiento de tecnología de punta
Equipos modernos		Cancelación de cirugías complejas
		"País de las Maravillas"; Migración de
		profesionales
		Baja calidad del servicio por demanda

AMENAZAS:
Escasez de insumos, repuestos y personal calificado
Regulaciones de tarifas
Multas por incumplimiento de trámites burocráticos
País de las maravillas: Incremento de la competencia
Demanda de pacientes mayor que la oferta planificada

En la elaboración de las opciones el equipo consultor insistió en que además de la opción y su alcance, siempre se expresara la finalidad de la misma, como en efecto se hizo. Como veremos más tarde esto es muy importante a la hora de plasmar el Plan Estratégico.

A continuación comenzó la discusión de las diferentes opciones, para lo cual se fue colocando cada una de ellas, con su enunciado, su alcance y su finalidad, a la vista de todos y el equipo asesor fue anotando debajo de cada una los "Pros y los contras" que acordaban los participantes, como por ejemplo:

Opción estratégica 3: Ampliación moderada

Alcance: extensión de los horarios de consulta a los pacientes, añadir consultorios mediante una remodelación interna, estudiar la posibilidad de incorporar más personal, médico y de enfermeras, y abrir un laboratorio de diagnóstico apnea del sueño, para de esta manera captar pacientes insatisfechos, o no atendidos por la competencia, y nuevos pacientes con dificultades para dormir.

Finalidad: ampliar la cuota de mercado y la rentabilidad

Pros	Contras
- Aprovecha mejor el espacio físico del Centro	- Exige una inversión moderada
- Permite absorber la nueva clientela	- Incrementa la nómina
- Incrementa la cuota de mercado	- Representa molestias a médicos y pacientes durante el período de remodelación
- incrementa la rentabilidad	
- Incrementa el prestigio del Centro	

Después de una amplia discusión los participantes decidieron trabajar las opciones estratégicas en dos etapas: en una primera etapa realizarían la opción N° 4: expansión quirúrgica. Es la razón por la cual comenzó todo este "viaje" por la planificación estratégica.

En paralelo decidieron realizar la opción N° 1: reingeniería del centro actual. Acordaron que además de ser una opción de supervivencia obligada también constituye el punto de partida para poder sistematizar el Centro, y de esta manera poder saltar hacia una segunda etapa.

Finalizando esta primera etapa, trabajarían con la opción N° 2: el aseguramiento de la cadena de suministros. El objetivo de esta primera etapa era tener la experiencia necesaria y "pulir" los procesos para asegurar un crecimiento sostenido de sus centros sin tantos contratiempos.

En la segunda etapa, observando los resultados de las opciones estratégicas implementadas en su "centro vitrina", crearían la "marca". Esto es un cambio de paradigma y de modelo de negocio ya que podrían planificar la proyección externa y el crecimiento máximo del negocio, no como un centro, sino como una cadena de centros, los cuales tengan sus "sellos o marca".

Para ello acordaron que antes de implementar esta segunda etapa volverían a realizar el "viaje estratégico" que les había enseñado el equipo consultor, para maximizar las oportunidades y minimizar las amenazas encontradas durante la primera etapa.

De Autoempleados a Empresarios

Un punto importante de este ejercicio es que les había abierto una gran puerta para ver su profesión como una oportunidad de negocio, en la cual pasaban a ser empresarios en vez de seguir siendo autoempleados. Igualmente les había permitido establecer un "portafolio" de opciones estratégicas, que podrían aprovechar en un futuro, de acuerdo los escenarios que se presentaran.

Capítulo XI

¿A dónde nos debe conducir? Objetivos Estratégicos

Anteriormente habíamos comentado que los movimientos estratégicos son como los "golpes de timón" que da un marino para cambiar el rumbo de la nave. Son rumbos, normalmente generales, que luego habrá que transformar en objetivos específicos.

Movimientos estratégicos y objetivos estratégicos

Las sesiones de alineación estratégica normalmente conducen a la identificación de movimientos estratégicos, que muchas veces los participantes confunden con objetivos estratégicos. Sin embargo, para convertirlos en objetivos estratégicos se requiere añadirles algunos elementos.

La planificación estratégica tradicional identificó cinco características fundamentales que debe poseer un objetivo. Debe ser: Relevante, Específico, Medible, Alcanzable y Rastreable. Para recordarlas decimos que un objetivo debe REMAR.

> **La planificación estratégica tradicional identificó cinco características fundamentales que debe poseer un objetivo. Debe ser: Relevante, Específico, Medible, Alcanzable y Rastreable. Para recordarlas decimos que un objetivo debe REMAR.**

El primer aspecto que hay que destacar es que los objetivos deben ser relevantes y pocos.

Cuando se formulan muchos objetivos simultáneamente, se pierde foco en la ejecución y control en la dirección. Cuando los objetivos no son relevantes se pierde atención en cuanto al momento de acometerlos.

Un segundo aspecto que hay que tener en cuenta es que el objetivo debe ser específico. En este caso específico viene a ser sinónimo de concreto. Lo opuesto es la vaguedad en la formulación.

Por ejemplo, el objetivo de "crecer en las zonas norte y este de la ciudad" es un objetivo vago. Una manera de concretarlo, para hacerlo específico, es decir , por ejemplo, "abrir dos unidades de dermatología, una en la zona norte y otra en la zona este, de la ciudad". La prueba de la especificidad viene dada por el entendimiento que tengan los empleados, que no han participado en el ejercicio de planificación, del significado del objetivo.

El tercer aspecto es que deben ser medibles. Lo que no es medible difícilmente es controlable. La medición debe apuntar a saber si estamos encaminados, o no, al logro del objetivo.

Por ejemplo, una manera de saber si estamos encaminados al objetivo: "abrir dos unidades de dermatología, una en la zona norte y otra en la zona este, de la ciudad" puede ser por la medición del porcentaje de ejecución del proyecto de cada nueva unidad.

Un cuarto aspecto es que el objetivo debe ser alcanzable. Para ello, como veremos más adelante, debemos definir los medios idóneos para alcanzar dicho objetivo. Por ejemplo, para abrir cada nueva unidad requerimos conseguir un local, diseñar el área, obtener el financiamiento, obtener los permisos requeridos, conseguir el personal y los equipos, etc.

Por último, el objetivo debe ser "rastreable". Es decir debemos ser capaces de saber, si no se está progresando en el logro del objetivo, por qué no se está progresando.
Por ejemplo, si es por la gestión del local, o por el atraso en el diseño, permisología, etc.

Sin embargo, estas son características comunes a cualquier objetivo, sea estratégico o no. Los objetivos por sí mismos no siempre son estratégicos. Veámoslo con el objetivo: "Abrir dos unidades de dermatología, una en la zona norte y otra en la zona este, de la ciudad".

Aunque es un objetivo relevante, específico, y medible, alcanzable y rastreable, no nos indica si esto nos está conduciendo a una posición más valiosa y sustentable de nuestro negocio, que es en definitiva la finalidad de la estrategia.

En cambio, el mismo objetivo lo podríamos reformular de esta manera: "Abrir dos unidades de dermatología, una en la zona norte y otra en la zona este, de la ciudad, para proyectar nuestra marca e ir consolidando un prestigio, con miras a expandirnos a nivel nacional".

Aunque ambos objetivos sean similares, el segundo lleva implícito una direccionalidad destinada a crear un mejor posicionamiento valioso y sustentable. La diferencia en la ejecución está en que, en el primer caso, los ejecutores podrían escoger dos locales en cualquier sitio, mientras que en el segundo los locales deberán estar ubicados en los sitios más poblados, que es donde se proyecta mejor la marca.

Igualmente en la operación se le dará prioridad a establecer precios que atraigan a una mayor población, aún a costa de sacrificar un poco de rentabilidad, para ganar mayor clientela y prestigio.

Muchas veces procedemos intuitivamente y establecemos objetivos, que creemos que son estratégicos, para luego pasar a implantarlos. Encuestas realizadas entre empresarios norteamericanos revelan que el 70% de ellos consideraban que sus objetivos estaban claros y que el problema era cómo llevarlos a la práctica.

En muchas ocasiones la ausencia de un análisis estratégico, que indique lo que buscamos con esos objetivos, nos puede conducir por caminos equivocados. Sin embargo, lo que ocurre en la mayoría de los casos es que la experiencia en el manejo de un negocio específico desarrolla, en el empresario, una capacidad intuitiva para determinar el rumbo a seguir, que está subyacente a la hora de formular el objetivo.

> **En muchas ocasiones la ausencia de un análisis estratégico, que indique lo que buscamos con esos objetivos, nos puede conducir por caminos equivocados**

Aún así, se producen confusiones entre los socios y peor aún, se producen indefiniciones e incertidumbres entre aquellas personas que son las que deben implementar el objetivo. Muchos de estos problemas se evitan usando las metodologías adecuadas. La manera de formular los objetivos estratégicos tiene una gran importancia para transmitir al resto de la organización la dirección que la empresa quiere seguir.

Si los objetivos estratégicos están bien formulados permiten crear conciencia, en directivos y empleados, sobre lo que necesitamos lograr y cuándo. De esta manera se genera un sentido de prioridad de cómo utilizar los recursos y el tiempo, en las actividades diarias, para encaminar a la empresa a un mejor posicionamiento que el actual y así garantizar la supervivencia y el éxito.

> **Si los objetivos estratégicos están bien formulados permiten crear conciencia, en directivos y empleados, sobre lo que necesitamos lograr y cuándo. De esta manera se genera un sentido de prioridad de cómo utilizar los recursos y el tiempo, en las actividades diarias, para encaminar a la empresa a un mejor posicionamiento que el actual y así garantizar la supervivencia y el éxito**

Así estaremos en capacidad de estructurar las tareas y los roles de los miembros de la organización, en función de los objetivos perseguidos.

De los movimientos estratégicos a los objetivos estratégicos: La metodología Hoshin Kanri.

La formulación de los objetivos estratégicos se facilita con dos elementos: el primero es escogiendo y formulando adecuadamente los movimientos estratégicos, como lo discutimos en el capítulo anterior. Recordemos que lo ideal es identificar el movimiento estratégico y la finalidad.

En el ejemplo anterior:

Opción: "Abrir dos unidades de dermatología, una en la zona norte y otra en la zona este, de la ciudad"

La finalidad servirá para clarificar la estrategia como veremos posteriormente. En nuestro ejemplo: Finalidad: "Proyectar nuestra marca e ir consolidando un prestigio, con miras a expandirnos a nivel nacional".

El segundo es siguiendo una metodología adecuada, que permita estructurar las tareas y los roles de los miembros de la organización, en función de los objetivos perseguidos.

> **La formulación de los objetivos estratégicos se facilita con dos elementos: el primero es escogiendo y formulando adecuadamente los movimientos estratégicos, el segundo es siguiendo una metodología adecuada**

En el desarrollo de las grandes empresas japonesas, como Toyota o NEC, ocurrido en la segunda mitad del siglo pasado, los japoneses entendieron la importancia de la formulación de los objetivos estratégicos de una manera tal que pudieran ser comprendidos y ejecutados por todo el personal de la empresa, de una manera eficiente.

Entre los años 1960 al 65, surgió la metodología denominada Hoshin Kanri (Hoshin en japonés viene a significar brújula y Kanri quiere decir control) como una derivación de otras técnicas desarrolladas dentro del movimiento de calidad total.

Cuando las empresas americanas comenzaron a hacer asociaciones estratégicas con empresas japonesas, conocieron esta metodología y la trajeron a occidente. Hoy en día es utilizada, en diversas versiones, por empresas como Toyota, Xerox, P&G y una gran cantidad de empresas farmacéuticas.

En su adaptación a la cultura occidental, una de las grandes contribuciones que da esta metodología es la manera de formular objetivos. Bajo esta versión, un objetivo estratégico debe contener cinco elementos: el propósito o finalidad última, la forma de medición de su progreso o indicadores, la meta a alcanzar en ese indicador, la fecha para la cual debe ser alcanzada y los medios idóneos para alcanzar el objetivo.

> **Un objetivo estratégico debe contener cinco elementos: el propósito o finalidad última, la forma de medición de su progreso o indicadores, la meta a alcanzar en ese indicador, la fecha para la cual debe ser alcanzada y los medios idóneos para alcanzar el objetivo.**

Cuando formulamos adecuadamente el movimiento estratégico, como en el ejemplo citado anteriormente, la formulación del objetivo estratégico bajo la metodología Hoshin se facilita. Por ejemplo: "Abrir dos unidades dermatológicas, uno en la zona norte y otro en la zona este, de la ciudad", el cual podemos expresar como un objetivo Hoshin de la siguiente manera:

Objetivo: Abrir dos Unidades Dermatológicas, una en la zona norte y otra en la zona este, de la ciudad.

Propósito: Proyectar la marca y consolidar el prestigio con miras a expandirnos a nivel nacional.

Indicadores de progreso: % de ejecución Unidad norte
% de ejecución Unidad este

Meta: 100% de ejecución en ambas unidades

Fecha: 100% de ejecución de la unidad norte para el 31 julio del próximo año.
100% de ejecución de la unidad este para el 31 diciembre del siguiente año.

Medios: Estudio de mercado
Obtención de financiamiento

> Diseño de ambas unidades siguiendo patrón similar
> Alquiler de un local en la zona norte
> Alquiler de un local en la zona este
> Obtención de permisos
> Contratación y ejecución de remodelaciones
> Compra e instalación de equipos
> Contratación de personal
> Adiestramiento de personal
> Mercadeo y promoción

Al expresar los objetivos con estos cinco elementos enriquecemos y hacemos viable el plan estratégico.

La expresión del propósito final del objetivo permite a los directivos clarificar la estrategia. Como mencionamos anteriormente, no es lo mismo establecer las Unidades con la finalidad de de proyectar la marca y consolidar el prestigio, con miras a una futura expansión nacional, que establecerlas con la finalidad de incrementar la rentabilidad de la empresa.

En el primer caso el estudio de mercado se orientará a buscar las zonas más densamente pobladas mientras que en el segundo se orientará a buscar las zonas con mayor poder adquisitivo.

De igual manera, el diseño de las tarifas será más alto en el segundo caso que en el primero. El propósito del objetivo también influirá en el mercadeo y promoción que se haga. Al tener el propósito claro el personal también podrá ajustar sus actividades en función, no sólo de alcanzar el objetivo sino también de alcanzar el propósito, que es lo más importante.

Como vemos, el mismo objetivo podría ser implementado de formas diferentes dependiendo del propósito buscado. El propósito es el que clarifica la estrategia. Alcanzado el objetivo, la estrategia aún puede continuar, y por consiguiente habrá que definir nuevos objetivos cónsonos con ella.

En este caso, los participantes están utilizando dos estrategias, para buscar un mejor posicionamiento: la primera es: proyectar la marca y consolidar el prestigio y la segunda es: expandirse.

> # El mismo objetivo podría ser implementado de formas diferentes dependiendo del propósito buscado. El propósito es el que clarifica la estrategia

Los indicadores de progreso, las metas y las fechas proporcionarán los elementos requeridos para hacer el seguimiento al plan, a nivel directivo, y darán sentido de urgencia y prioridad a los niveles inferiores.

> # Los indicadores de progreso, las metas y las fechas proporcionarán los elementos requeridos para hacer el seguimiento al plan

El establecimiento de los medios permitirá dar sentido de realidad al plan y establecer la forma de participación del resto del personal en el mismo. En su formulación dos cosas son importantes: la primera es la manera de establecer los medios y la segunda es que cada uno de estos medios se constituirá en un objetivo de segundo nivel, que deberá ser llevado a cabo por niveles inferiores de la organización.

> # El establecimiento de los medios permitirá dar sentido de realidad al plan y establecer la forma de participación del resto del personal en el mismo

Forma de establecer los medios idóneos
Una de las grandes contribuciones del movimiento japonés de calidad total fue la profundización en el enfoque y en el análisis de las causas raíces. Podemos pensar en cualquier objetivo como en un logro que debemos alcanzar o en un problema que debemos resolver. Son dos caras de la misma moneda.

Por ejemplo, el objetivo: "Abrir dos unidades, una en la zona norte y otra en la zona este, de la ciudad" es un logro que queremos alcanzar. Otro objetivo como: "Optimizar y estandarizar los procesos de atención del paciente"." podría ser un problema que debemos resolver.

En ambos casos sabemos que para tener éxito debemos analizar los factores que permiten alcanzar el objetivo, o los factores que producen el problema.

Análisis de causas raíces

Esto es lo que se denomina el análisis de causas raíces y es bien conocido por los profesionales del sector salud. Un médico sabe que para realizar un plan de tratamiento a un enfermo, no basta atacar la sintomatología de la enfermedad (por ejemplo darle un antipirético para bajar la fiebre). Hay que analizar las causas de la misma (por ejemplo: una infección renal) e incluso, las causas de la causa (ejemplo: obstrucción urinaria por cálculo o paciente diabético mal controlado) para realizar acciones efectivas que eliminen el problema de raíz.

Igual ocurre en las organizaciones. Si queremos alcanzar el objetivo de "Abrir dos Unidades, una en la zona norte y otra en la zona este, de la ciudad", con el propósito de "Proyectar la marca y consolidar el prestigio con miras a expandirnos a nivel nacional", debemos analizar los factores primarios que determinan el éxito del objetivo y proponer opciones idóneas para que ese factor se dé positivamente.

En nuestro ejemplo podríamos listar: la ubicación (en zonas densamente pobladas y con las necesidades de nuestra especialidad), la imagen (logo, colores, formato de diseño del consultorio, propaganda, etc.), el financiamiento, la tecnología y los equipos, el personal, etc. Ishikawa diseñó un instrumento conocido como diagrama de causalidad, diagrama causa-efecto, "espina de pescado" o diagrama de Ishikawa, para mostrar de una manera gráfica la cadena de causalidad.

En nuestro caso, ese diagrama luciría de la siguiente manera:

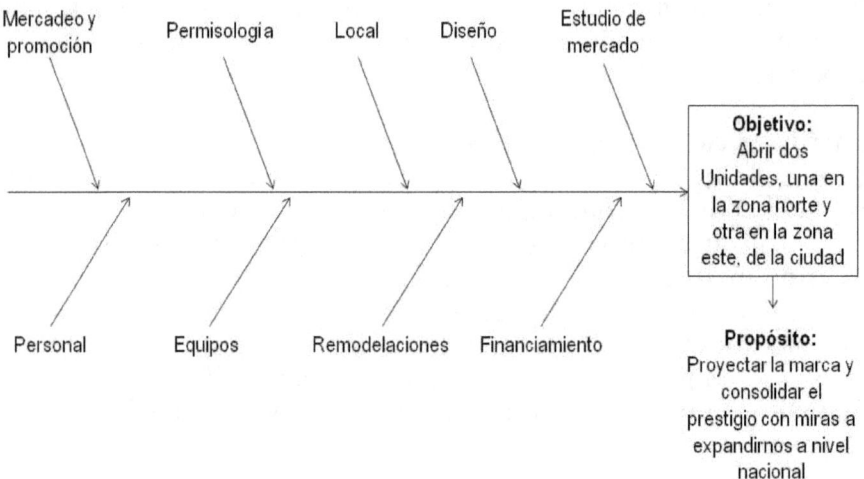

Una de las ventajas de este diagrama es que hace visible a todo el equipo directivo los factores que hay que atacar y de esta manera permite analizar diversas alternativas para cada uno de ellos. Por ejemplo, para la imagen, tendríamos que preocuparnos por la campaña de mercadeo y promoción, pero también del diseño mismo del consultorio.

De esta manera, el equipo directivo va tomando conciencia de cada uno de los factores que son necesarios para el éxito en el alcance de los objetivos estratégicos y se genera un conocimiento compartido más profundo del negocio.

Objetivos de segundo nivel

Del análisis de lo que hay que hacer para atacar cada uno de estos factores surgen los medios que tenemos que implementar para lograr el objetivo. En nuestro ejemplo, estos medios serían:

- o Estudio de mercado
- o Obtención de financiamiento
- o Alquiler de un local en la zona norte
- o Alquiler de un local en la zona este
- o Diseño de ambas unidades siguiendo patrón similar
- o Obtención de permisos
- o Contratación y ejecución de remodelaciones
- o Compra e instalación de equipos
- o Contratación de personal
- o Adiestramiento de personal
- o Mercadeo y promoción

En una etapa posterior cada uno de estos medios se convierte en un objetivo de segundo nivel, que puede ser asignado a un equipo especial, o a determinadas personas, dentro de la organización, y que a su vez, debe descomponerse en los cinco elementos vistos anteriormente: propósito, indicador de progreso, meta, fecha y actividades.

El propósito en el objetivo de segundo nivel debe estar ligado al propósito del objetivo de primer nivel. Por ejemplo, un objetivo de segundo nivel sería alquilar un local en la zona norte de la capital. Su propósito sería "lograr un local en una zona densamente poblada y con necesidades de nuestra especialidad, que permita captar clientes que proyecten la imagen y consolidan el prestigio de nuestra empresa."

De esta manera el equipo que deba trabajar en este objetivo estará alineado con la estrategia corporativa y sabrá que no se trata de conseguir simplemente un local, sino que además ese local debe tener ciertas características.

La utilización de esta metodología en la formulación de objetivos arroja tres beneficios fundamentales: claridad en cuanto a las estrategias que estamos persiguiendo para mejorar el posicionamiento de la empresa, conocimiento más profundo del negocio y de las causas raíces que hay que controlar, y facilita la incorporación del personal con ideas creativas dentro del plan.

> **La utilización de esta metodología en la formulación de objetivos arroja tres beneficios fundamentales: claridad en cuanto a las estrategias que estamos persiguiendo para mejorar el posicionamiento de la empresa, conocimiento más profundo del negocio y de las causas raíces que hay que controlar, y facilita la incorporación del personal con ideas creativas dentro del plan**

La cadena de indicadores que se genera, permite hacerle seguimiento al plan y "rastrear" que objetivos de segundo nivel, o actividades, se están atrasando y su repercusión en el logro de los objetivos estratégicos.

Caso de estudio: Definiendo los Objetivos Estratégicos
Siguiendo con el ejemplo del "Centro de Otorrinolaringología Respirar", recordemos que los participantes habían escogido tres opciones estratégicas:

Opción estratégica 1: **"Reingeniería" o rediseño del Centro actual**
Cuyo alcance era: revisar los sistemas actuales, especialmente los procesos administrativos, técnicos y de recursos humanos, para garantizar: cumplimiento de los trámites burocráticos, fijación de precios ajustada a la inflación, sueldos competitivos y ajustados a la inflación, sistema de incentivos a través de bonos de productividad, corregir las fallas en los controles administrativos, automatizar al máximo para ganar velocidad, precisión y ahorrar recursos, financieros y humanos, y aligerar el sistema de citas a los pacientes, crear una política de control de costos, mediante "paquetes quirúrgicos" y focalizarse en un tipo de técnica quirúrgica disponible, que ahorra insumos.

La finalidad última de esta opción era: mejorar la eficiencia y productividad, evitar pérdidas económicas por multas, debido al incumplimiento de trámites burocráticos y los efectos de la inflación, la optimización del recurso humano y la retención de personal clave.

Opción estratégica 2: **Asegurar la cadena de suministros para garantizar los insumos necesarios para el tratamiento de los pacientes.**
Cuyo alcance era: realizar acuerdos con los principales proveedores de insumos (droguerías y cadenas de farmacias), explorar las posibilidades de importación directa de emergencia, creación de un "stock" óptimo de insumos, utilización de nuevas técnicas quirúrgicas para ahorrar insumos, estudiar las posibilidades de reciclaje.

La finalidad última era la de ahorrar costos y garantizar la calidad de atención.

Opción estratégica 4: **Expansión quirúrgica**

Alcance: abrir un área quirúrgica para realizar las intervenciones en el Centro y contratar un especialista en cirugía plástica, para por una parte solventar el problema primario de falta de quirófanos y por otra añadir un valor agregado a los pacientes que quisieran mejorar su apariencia.

La finalidad era disminuir la dependencia de otros Centros, bajar costos y aumentar la rentabilidad.

Convertir estas opciones estratégicas en objetivos estratégicos Hoshin de primer nivel fue relativamente fácil, debido a lo bien formulados que estaban:

Objetivo N° 1: **"Reingeniería" o rediseño del Centro actual**

Propósito: Mejorar la eficiencia y productividad, evitar pérdidas económicas por multas, debido al incumplimiento de trámites burocráticos y los efectos de la inflación, retención de personal clave y optimización de recursos humanos.

Indicadores de progreso: % de ejecución del rediseño
                            N° de multas
                            % de rotación máximo de personal clave
                            N° de vacantes de personal clave

Meta: 100% de ejecución
        0 multas
        5% de rotación anual máxima
        0 vacantes

Fecha: 15 de julio del siguiente año

Medios:

Revisar los sistemas administrativos, técnicos y de recursos humanos, para garantizar: cumplimiento de los trámites burocráticos, fijar precios ajustados a la inflación, garantizar una estructura de remuneración competitiva (salarios, bonificaciones) y ajustada a la inflación.

Corregir las fallas en los controles administrativos

Automatizar al máximo para ganar velocidad, precisión y ahorrar recursos, financieros y humanos.

Aligerar el sistema de citas a los pacientes.

Crear una política de control de costos, mediante "paquetes quirúrgicos"

Implementar el tipo de técnica quirúrgica disponible, que ahorra insumos

Objetivo N° 2: **Asegurar la cadena de suministros para garantizar los insumos necesarios para el tratamiento de los pacientes**

Propósito: Ahorrar costos y garantizar calidad de atención
Indicadores de de progreso: % de déficit de insumos
                                    % ahorro en costos por insumos
                                        N° de quejas de pacientes por falta de insumos
Meta: <5% de déficit de insumos
        10% ahorro de costos por insumos
        0 quejas de pacientes por insumos
Fecha: 15 de agosto del año próximo.
Medios:
Realizar acuerdos con los principales proveedores de insumos (droguerías y cadenas de farmacias).
Explorar las posibilidades de importación directa de emergencia
Crear de un "stock" óptimo de insumos.
Implementar la utilización de nuevas técnicas quirúrgicas para ahorrar insumos.
Estudiar las posibilidades de reciclaje.

Objetivo N° 3: **Expansión quirúrgica**
Propósito: Disminuir la dependencia de otros Centros, bajar costos y aumentar la rentabilidad.
Indicadores de de progreso: % de ejecución del proyecto
Meta: 100% de ejecución
Fecha: 1° abril próximo año
Medios:
Abrir un área quirúrgica para realizar las intervenciones en el Centro
Contratar un especialista en cirugía plástica

El equipo consultor destacó varias cosas. La primera era que algunos de estos medios se convertían en acciones que podían ser asignadas directamente a personas dentro de la organización. Por ejemplo, el Gerente de Recursos Humanos debería incorporar entre sus prioridades la de explorar donde contratar a un especialista en cirugía plástica, cuyo perfil cuadrara con la idiosincrasia y cultura del Centro y que debería haber hecho su contratación para el momento en que estuviera lista el área quirúrgica.

Sin embargo otros, como la apertura misma del área quirúrgica debería convertirse en un objetivo Hoshin de segundo nivel. Para ello era conveniente asignar un equipo que hiciera el análisis respectivo de cómo llevarlo a cabo, para lo cual sería muy útil hacer un análisis de causas raíces, donde se especificaran todos los factores a tomar en cuenta para la ejecución de este objetivo y se asignaran las acciones respectivas, a los responsables de cada una de ellas.

Un segundo aspecto, que destacó el equipo consultor, era que los participantes al expresar el propósito de cada objetivo habían explicitado un conjunto de estrategias:
Mejorar la eficiencia y productividad, evitar pérdidas económicas por multas, debido al incumplimiento de trámites burocráticos y los efectos de la inflación, retención de personal clave y optimización de recursos humanos.
Ahorrar costos y garantizar calidad de atención
Disminuir la dependencia de otros Centros, bajar costos y aumentar la rentabilidad
Estas estrategias se podían agrupar en tres grades categorías: Estrategias de Salud, Estrategias Financieras y Estrategias Organizacionales.

Estrategias de Salud:
Garantizar calidad de atención

Estrategias Financieras:
Evitar pérdidas económicas por multas, debido al incumplimiento de trámites burocráticos y los efectos de la inflación,
Bajar costos y aumentar la rentabilidad

Estrategias Organizacionales:
Retención de personal clave y optimización de recursos humanos.
Disminuir la dependencia de otros Centros

Al ver los resultados uno de los socios argumentó que no veía ninguna estrategia de salud de captación de más pacientes y que esa era una de la finalidades de abrir el área quirúrgica. Esto reveló una debilidad en la formulación del objetivo estratégico N° 3, ya que el propósito debería expresarlo. Después de discutirlo, se modificó dicho propósito de la siguiente manera:

<u>Propósito</u>: Disminuir la dependencia de otros Centros, bajar costos, **incrementar el número de pacientes** y aumentar la rentabilidad.

Otro socio también se percató de que algo similar ocurría con la estrategia de incrementar la satisfacción de los pacientes, que era parte del objetivo Nº 1, al aligerar el sistema de citas y automatizar los sistemas. De nuevo se modificó el propósito de dicho objetivo:

<u>Propósito</u>: Mejorar la eficiencia y productividad, evitar pérdidas económicas por multas, debido al incumplimiento de trámites burocráticos y los efectos de la inflación, retención de personal clave, optimización de recursos humanos e **incrementar la satisfacción de los pacientes**.

El equipo consultor felicitó a los participantes por estas observaciones. Destacó que de haber quedado por fuera, habrían ocurrido dos efectos: el primero era que la estrategia no se habría transmitido adecuadamente. El segundo, es que tampoco se habrían medido adecuadamente los objetivos. Por ejemplo, en el Objetivo Nº 1, había que agregar un indicador de progreso: % de incremento de la satisfacción de los pacientes. De igual manera en el Objetivo Nº 3, se debía agregar como indicador: % de incremento de pacientes.

De esta manera quedó evidenciado para todos la importancia de utilizar las metodologías adecuadas en la formulación de los objetivos estratégicos.

Capítulo XII

¿A dónde nos debe conducir? Visión y Plan Estratégico

Los objetivos estratégicos tienen una influencia decisiva en la identidad corporativa de la empresa. Lo que la empresa decida hacer en un futuro determina su visión, e influye en su misión y en sus valores. Es por eso que una vez establecido el rumbo a seguir se impone un definición de la visión y una revisión de la misión y los valores.

Identidad Corporativa

La identidad corporativa viene a ser la personalidad de la empresa.

Es el cómo queremos que sea conocida por diversos actores: pacientes y otros clientes, actuales y potenciales, accionistas, actuales y potenciales, trabajadores, proveedores, estado y comunidad. Usualmente está definida por cuatro elementos: la misión, los valores, la visión y la propuesta de valor al mercado. Definir esos elementos estratégicamente permite una adecuada proyección de la empresa ante los diversos públicos.

La Misión y su definición estratégica

La mayoría de los autores coinciden en que para definir la misión debemos responder a la pregunta de: ¿Para qué existe nuestra empresa? Es decir: ¿Qué perdería el mercado si nuestra empresa desapareciera, o no llegara a constituirse? Sin embargo, si queremos definir la misión, de una manera estratégica, tendríamos que preguntarnos primero: ¿Para qué queremos definir nuestra misión? La respuesta a esta pregunta no es trivial. El uso que le demos a la misión determinará la forma de redactarla y su apoyo al posicionamiento que buscamos para la empresa.

> **¿Para qué queremos definir nuestra misión? La respuesta a esta pregunta no es trivial. El uso que le demos a la misión determinará la forma de redactarla y su apoyo al posicionamiento que buscamos para la empresa**

En este sentido la misión puede cumplir varias finalidades:

1. Como instrumento de alineación de directivos y empleados en torno a lo que debemos hacer y a lo que NO debemos hacer. Recordemos que uno de los fundamentos de una buena estrategia es tener claro no sólo las cosas que queremos hacer, sino también aquellas que no queremos hacer. Operamos con recursos limitados y podríamos perder foco de no estar claros, tanto directivos como empleados.

Cuando iniciamos la jornada de alineación estratégica este es uno de los principales puntos de discusión. Hay que tomar en cuenta tres aspectos fundamentales: lo que a los accionistas les motiva y quieren hacer, lo que el mercado necesita y las oportunidades que ofrece, y las ventajas que dispone la empresa o que puede adquirir, para aprovechar esas oportunidades.

En ese sentido la misión tiene un antes y un después de finalizado el ejercicio. Si la empresa está constituida, y ya tiene una misión, debemos revisar si en su contenido se ajusta a lo que realmente desean hacer los accionistas. Si se está constituyendo, hay que examinar cuál es la intención y la oportunidad que ven los diversos accionistas, y unificar criterios.

No obstante, después de finalizado el ejercicio de alineación estratégica, examinados los escenarios, identificadas las oportunidades y amenazas, presentes y futuras, en diversos escenarios, y las ventajas que podemos utilizar, estaremos en mejores condiciones de establecer realmente para qué existe la empresa.

De Autoempleados a Empresarios

Sin embargo, esa definición de la misión puede ser compleja. Por ejemplo: queremos un centro de salud para ejercer nuestras profesiones, obtener rentabilidad y llenar un vacío en el mercado que hemos identificado. Lo haremos a través del suministro de soluciones médicas de avanzada, en virtud de la ventaja que tenemos como especialistas, y de la poca competencia que hay en un determinado sector.

Como definición interna está bien, pero, estratégicamente, ¿Sería lo que querríamos publicar? Si somos un centro grande, donde queremos enfocar al resto de los trabajadores en lo que sus directivos buscan, probablemente esta misión, con algunas modificaciones, cumpliría con el cometido estratégico de alinear al personal. Pero, si somos un centro relativamente pequeño, donde ya estamos de acuerdo, podríamos orientar la definición de la misión a propósitos diferentes, como los que veremos a continuación.

2. La misión como instrumento de mercadeo. Es el uso más frecuente. Sirve para anunciar en el mercado quiénes somos, qué hacemos y por qué ese segmento de mercado, al que nos dirigimos, nos debería preferir. Por ejemplo, en el caso del centro dermatológico: "Crear rostros más bellos utilizando las técnicas más avanzadas de la medicina moderna"

3. La misión como instrumento de orientación de la conducta de los empleados.
En muchas ocasiones podemos utilizar la misión como una guía de lo que aspiramos que sea el comportamiento de nuestros empleados, para lograr una característica distintiva de competitividad. En el ejemplo anterior, la misión podría ser: "Proporcionar a nuestros pacientes una experiencia única de atención y profesionalismo en el tratamiento de su piel".

4. La misión como instrumento de atracción de inversionistas potenciales. En los casos donde la empresa ve grandes posibilidades de crecimiento, en mercados atractivos, pero necesita atraer recursos financieros para poder materializarlo, se puede orientar la misión en función de los inversionistas potenciales. Un ejemplo en el caso anterior podría ser: "Ser una empresa rentable y de prestigio en el área dermatológica, orientada a satisfacer las necesidades de jóvenes y adultos".

5. La misión como instrumento para ganar reconocimiento y prestigio en la comunidad. Aunque menos frecuente, en algunas ocasiones la misión es utilizada para estos fines, especialmente cuando la empresa se encuentra en una posición monopólica u oligopólica, por falta de competencia. En estos casos, podría interesarle destacar su función en la comunidad. En nuestro ejemplo anterior podría ser algo como: "Contribuir al desarrollo de la comunidad aportando soluciones de salud y belleza en el tratamiento de la piel".

Requisitos importantes para tener una buena misión

En todo caso, una vez definido a quien va orientada y para qué, la misión debe llenar al menos dos requisitos fundamentales para que cumpla su finalidad estratégica:

- Debe ser corta y fácil de recordar por las personas del segmento al cual nos estamos dirigiendo. Muchas empresas caen en el error de redactar largos enunciados para complacer a diferentes directivos, y terminan perdiendo eficacia en su cometido.
- Debe ser específica e impactante para el público al que está dirigida. La persona promedio debería entender qué es específicamente lo que ofrece nuestra empresa y a su vez sentir motivación para utilizar sus servicios.

La misión debe llenar al menos dos requisitos: debe ser corta y fácil de recordar por las personas del segmento al cual nos estamos dirigiendo y debe ser específica e impactante para el público al que está dirigida

---

Los valores

A diferencia de la misión, los valores tienen un destinatario definido, que es el personal de la organización. Las empresas modernas han comprendido que la cultura organizacional es una de las ventajas competitivas más importantes que pueden desarrollar. Su función es crear cohesión interna y capacidad de respuesta externa, ante los cambios en el entorno.

La base de la cultura organizacional son los valores. Una cultura organizacional sólida es aquella que logra alinear los valores con las políticas, normas, prácticas, símbolos, ritos y reconocimientos y recompensas. Los valores vienen a ser los "sí, sí" y los "no, no" de la organización. Lo que la empresa debe hacer así el entorno propicie lo contrario, y lo que no debe hacer, así lo favorezca.

> **Los valores vienen a ser los "sí, sí" y los "no, no" de la organización. Lo que la empresa debe hacer así el entorno propicie lo contrario, y lo que no debe hacer, así lo favorezca**

Según estudios realizados, cuando los valores están bien arraigados y se manifiestan en el comportamiento del personal, tienen una gran incidencia en dos áreas estratégicas para la empresa: la de relaciones, especialmente con clientes, proveedores, comunidad y entre los propios trabajadores, y en la reputación de la empresa.

Al hablar de valores surgen varias preguntas: ¿Cuantos deben ser? ¿Cómo definirlos? ¿Cómo transmitirlos? En cuanto a la primera pregunta, es evidente que podríamos pensar en una gran cantidad de valores que desearíamos que estuvieran presentes en nuestra organización. Sin embargo, los estudios han demostrado que las personas retienen pocas cosas a la vez, por lo cual las empresas modernas han optado por escoger entre las tres y cinco valores como máximo, para poder tener posibilidades de penetración de los mismos en sus trabajadores.

Eso nos lleva a la pregunta de cómo definirlos. La definición de los valores está muy conectada con las conductas preponderantes que deseamos que se manifiesten como una característica que distinga a la empresa. Por ejemplo, en una empresa tecnológica, como Apple, el valor de la innovación es esencial.

En las organizaciones de salud la hospitalidad y atención al paciente puede ser un valor fundamental, lo mismo que el profesionalismo y la actualización.
La elección de los valores dependerá de las circunstancias especiales de cada empresa, de la cultura organizacional que desee implantar y de la estrategia a seguir.

En cuanto a la transmisión de los valores, los directivos son el motor fundamental. Lo que prediquen y practiquen será lo que los empleados creerán e imitarán.

En cuanto a la transmisión de los valores, los directivos son el motor fundamental. Lo que prediquen y practiquen será lo que los empleados creerán e imitarán

No obstante, acordados los valores y adecuadas las conductas de los directivos a los mismos, es conveniente desarrollar una campaña didáctica de transmisión a los empleados, mostrando con ejemplos como se lleva el valor a la práctica. La adecuación de las normas y las prácticas a los valores, así como el establecimiento de símbolos y de sistemas de reconocimiento y recompensa alineados a los mismos, permitirán construir una cultura organizacional sólida y distintiva.

La visión

Un tercer elemento importante de la identidad corporativa es la visión. Si bien la misión, habla de para qué existe nuestra empresa, la visión expresa en lo que deseamos que se transforme o llegue a ser. Mientras que la misión está en presente, la visión está en futuro. La forma de definir la visión puede tener un gran impacto en su utilidad estratégica.

La visión se distingue de la misión, porque ésta habla de para qué existe nuestra empresa, mientras que la visión expresa en lo que deseamos que se transforme

En muchas empresas, los directivos definen la visión "a priori", es decir, como una manifestación del sueño que desean realizar.

Por ejemplo: "Llegar a ser el mejor centro de especialidades dermatológicas a nivel nacional".

Definida de esta manera tiene la ventaja de motivar a los directivos a realizar lo que los apasiona. No obstante, tiene el peligro de "encasillar" sus pensamientos en función de la realización de ese sueño, sin tomar en cuenta las oportunidades y amenazas que pueden ofrecerse en el entorno, especialmente cuando se analizan diversos escenarios.

Otra forma de definir la visión es "a posteriori". Es la que más recomendamos. Se efectúa después de haber realizado el ejercicio de alineación estratégica y haber identificado los objetivos estratégicos y acordado la misión. Para definir la visión examinamos los objetivos estratégicos y nos preguntamos: partiendo de nuestra misión actual, ¿En que se transformaría nuestra empresa, en el futuro, si alcanzáramos los objetivos estratégicos que nos estamos proponiendo?

En nuestro ejemplo de los centros dermatológicos: "Llegar a ser el mejor centro de dermatología de la ciudad, capaces de proporcionar el mejor embellecimiento de piel, utilizando las últimas técnicas de la medicina moderna".

La visión es en lo que la empresa espera transformarse si se ejecuta exitosamente el plan estratégico

La ventaja de definir la visión "a posteriori", y con base en los objetivos estratégicos, es que proporciona, tanto a empleados como a clientes, una descripción más sustentada en las estrategias que estamos siguiendo, de lo que aspiramos a ser en un futuro. De esta manera estamos abiertos a las diversas posibilidades que el ejercicio de alineación estratégica pueda mostrarnos.

Por ejemplo, si una oportunidad que no habíamos visto es la de producir y vender nuestros propios productos de belleza, eso cambiaría sustancialmente nuestra visión inicial, la cual podríamos transformar en: "Llegar a ser el mejor centro de dermatología de la ciudad y el mayor productor y distribuidor de productos cosméticos de alta calidad, capaces de proporcionar el mejor embellecimiento de piel, utilizando nuestros descubrimientos y las últimas técnicas de la medicina moderna".

El poder de la visión

Una de las cosas que hay que cuidar al formular la visión es el lenguaje con el que se redacta. Debe ser inspirador. La visión no solamente debe llegar al intelecto, sino también mover emocionalmente al personal y llevarlo a la acción. De allí que debe estar anclada a la realidad y al análisis de las posibilidades de la empresa, pero también debe ser desafiante y retadora.

Las nuevas ventajas y las nuevas características distintivas de competitividad

Hacemos planificación estratégica para buscar un nuevo posicionamiento, el mejor posible, para la empresa. Este nuevo posicionamiento debe ser valioso y sustentable. El valor viene determinado por las nuevas características distintivas de competitividad que agreguemos a las ya existentes, en los productos y servicios que genera la empresa.

Cuando esas características distintivas de competitividad son altamente apreciadas por el "cliente", actual o potencial, (hablando de "cliente" en sentido genérico, o sea, puede tratarse del cliente comercial, de los accionistas, de los trabajadores o de otros actores de interés para la empresa) es cuando el posicionamiento se vuelve más valioso.

Por lo tanto, es importante identificar cuáles son esas nuevas características distintivas de competitividad que estamos generando con el plan, y qué grado de diferenciación introducen respecto a la competencia.

Para generar esas nuevas características necesitamos adquirir o desarrollar nuevas ventajas capaces de producirlas. Por consiguiente es importante identificar esas nuevas ventajas y examinar qué tan difíciles son de imitar por los competidores.

Temporalidad y dinámica de la identidad corporativa

Anteriormente, cuando los entornos eran menos cambiantes y las empresas más estables, la misión, la visión, los valores y la propuesta de valor al mercado también tendían a ser estables.

En las condiciones modernas, la estabilidad de estos elementos va a depender de la dinámica del entorno. Para algunas empresas puede mantenerse por mucho tiempo la misma identidad corporativa.

Sin embargo, vemos cada vez con más frecuencia que las empresas se ven obligadas a "reinventarse", para poder responder efectivamente a los cambios del entorno. Una manera efectiva de hacerlo es a través de estos ejercicios de alineación estratégica que hemos descrito en esta obra. Cada vez que cambien los factores del entorno de una manera significativa que afecte a la empresa, estamos obligados a volver a analizar la situación y a redefinir los objetivos estratégicos.

Cada redefinición de estos objetivos, y cada cambio de estrategia, conlleva a una redefinición de la misión, la visión y la propuesta de valor al mercado, y en muchos casos incluso a una redefinición de los valores que debemos reforzar, para mantener nuestras ventajas competitivas, aunque éstos sean más estables que los otros elementos.

Integrando todos los elementos: el plan estratégico en una página

Para poder ejecutar la estrategia es necesario primero que todos los integrantes de la organización, en especial el personal clave que debe implementarla, la comprendan y puedan tener la presente es fácilmente. Una buena manera de lograrlo es resumiendo el Plan Estratégico Empresarial en una página, como se muestra a continuación.

> **Para poder ejecutar la estrategia es necesario primero que todos los integrantes de la organización, en especial el personal clave que debe implementarla, la comprendan y puedan tener la presente es fácilmente. Una buena manera de lograrlo es resumiendo el Plan Estratégico Empresarial en una página**

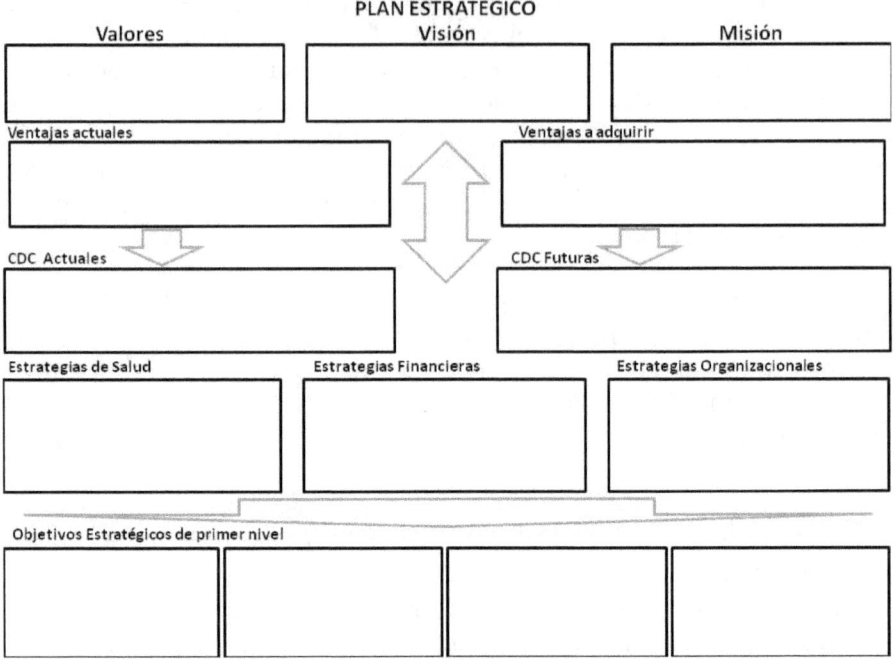

A diferencia de los planes tradicionales que ocupaban un volumen, más o menos grueso, que pronto era archivado (y la mayor parte de las veces olvidado) resumirlo de esta manera permite que cada persona clave en la ejecución del plan lo pueda tener a la vista, en su oficina. Es un recordatorio que nos sirve de inspiración al planificar las actividades diarias, para establecer prioridades en la ejecución.

La propuesta de valor

Es un elemento que proporciona una comprensión más amplia de nuestro negocio, tanto a clientes, como a empleados e inversionistas potenciales. En ella indicamos a que segmentos de mercado donde pretendemos llegar, qué necesidades de esos segmentos queremos satisfacer, con qué productos y servicios lo haremos, qué características distintivas de competitividad tendrán nuestros productos y servicios, para hacerlos preferidos a los clientes de esos mercados, por encima de los productos y servicios de la competencia, y en qué ventajas nos apoyamos para producirlos con esas características distintivas de competitividad.

De Autoempleados a Empresarios

La propuesta de valor tiene varias utilidades. En primer lugar permite aclarar nuestro modelo de negocios, tanto a directivos como empleados, y explicar brevemente lo que debemos producir y para quien, las características distintivas que debemos ofrecer y las ventajas en las que nos apoyamos para producirlas y que estamos obligados a mantener.

En segundo lugar le identifica al personal de mercadeo de la empresa, y a las agencias de publicidad que contratemos, las características distintivas de competitividad que debemos publicitar para crear conciencia de su valor en nuestros clientes actuales o potenciales.

En tercer lugar sirve para explicar nuestro negocio a inversionistas potenciales, y usualmente es requerido por bancos y otras instituciones financieras cuando solicitamos líneas de crédito.

Caso de estudio: El Plan Estratégico

Siguiendo con el ejemplo del "Centro de Otorrinolaringología Respirar", después de definidos los objetivos estratégicos había llegado el momento de revisar la Misión. Recordemos que la formulación original decía: "Proveer la atención médica más especializada y humana en el área de la otorrinolaringología". La primera discusión giró en torno a para qué queríamos tener un misión.

Los participantes estuvieron de acuerdo en que fundamentalmente serviría para que los pacientes potenciales conocieran nuestros servicios, es decir como un instrumento de mercadeo. Por lo tanto, consideraron que tal como estaba redactada podría ser útil, hasta tanto no se incorporara el área quirúrgica. Pero después de ese momento habría que modificarla para añadir el elemento de cirugía plástica.

En lo referente a los valores también consideraron que estaban bien definidos: ética, calor familiar al paciente, diligencia y profesionalismo.

Para la definición de la visión el equipo consultor hizo la siguiente pregunta: ¿Qué de diferente tendría el Centro, si se alcanzaran los objetivos estratégicos planteados en la primera etapa?

Las respuestas no se hicieron esperar:

Tendríamos nuestra propia área quirúrgica
Contaríamos con sistemas que nos harían más eficientes y rentables
Tendríamos mayor seguridad de insumos
Estaríamos realizando cirugías plásticas
Tendríamos más pacientes
Los pacientes estarían más satisfechos

Teniendo en cuenta estas respuestas se ensayo un primer enunciado de la visión: "Llegar a ser un centro de otorrinolaringología y cirugía plástica, caracterizado por su eficiencia, rentabilidad y atención al paciente."

Sin embargo, el equipo consultor les recordó que la visión no solo debía ser racional, sino además emocionalmente inspiradora para los miembros de la empresa. Después de varios ensayos acordaron la siguiente:

Visión: "Ser el centro de otorrinolaringología y cirugía plástica, preferido por los pacientes de la ciudad, caracterizado por su alta eficiencia, rentabilidad y atención optima al paciente"

Finalizada esta etapa, procedieron a identificar las nuevas ventajas y las nuevas características distintivas de competitividad que estarían adquiriendo y ofreciendo. El equipo consultor les recordó que las ventajas son internas de la empresa mientras que las características distintivas de competitividad son las que aprecia el paciente, desde su óptica, y sin que muchas veces conozca, o esté consciente acerca de las ventajas que permiten producirlas.

Ventajas nuevas:
Área quirúrgica propia
Sistemas eficientes y automatizados
Aseguramiento de cadena de suministros

Características Distintivas de Competitividad nuevas:
Posibilidad de cirugía plástica
Menos demoras al paciente
Seguridad de suministros

Con estos elementos procedieron a plasmar el plan estratégico en una página:

De Autoempleados a Empresarios

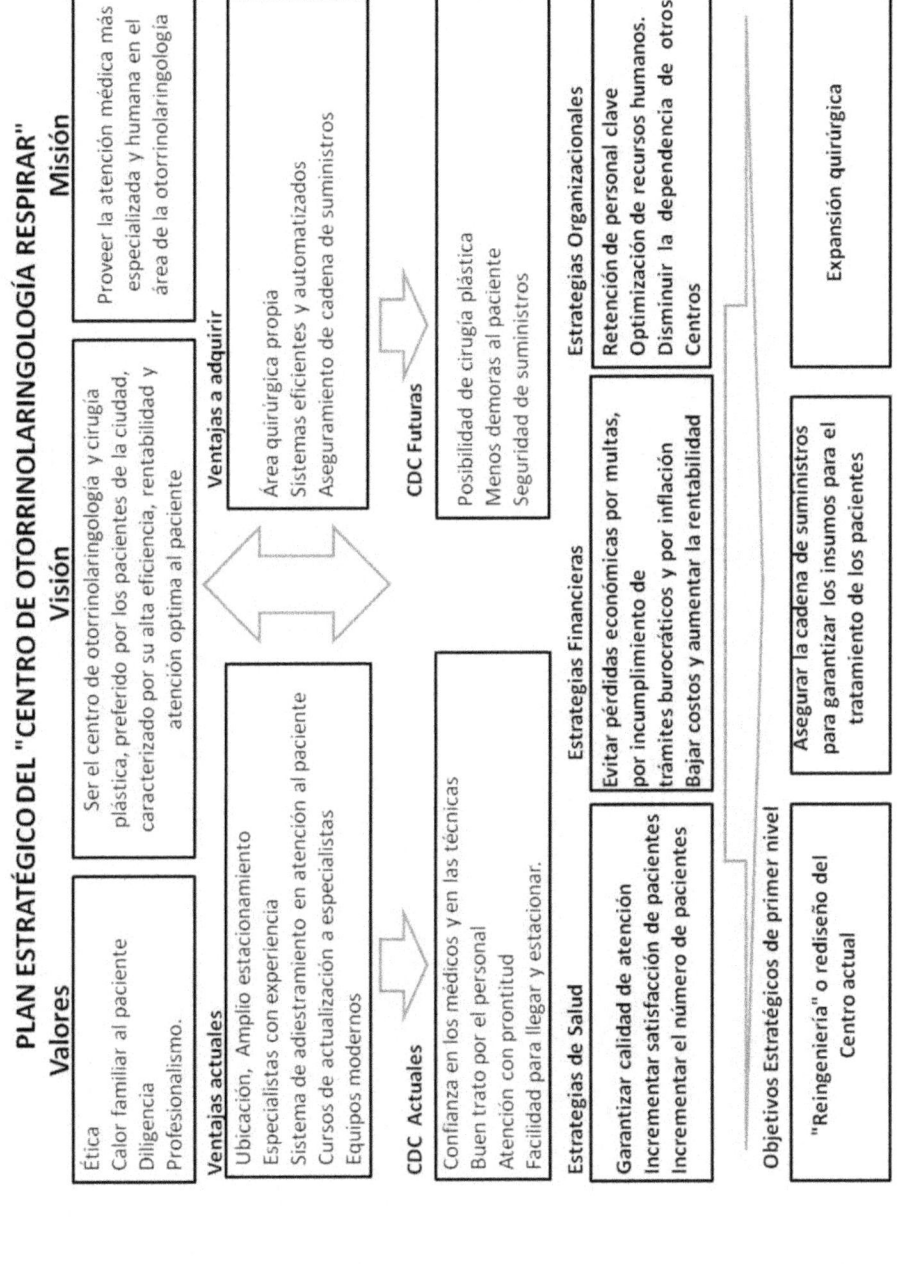

PLAN ESTRATÉGICO DEL "CENTRO DE OTORRINOLARINGOLOGÍA RESPIRAR"

Valores
Ética
Calor familiar al paciente
Diligencia
Profesionalismo.

Visión
Ser el centro de otorrinolaringología y cirugía plástica, preferido por los pacientes de la ciudad, caracterizado por su alta eficiencia, rentabilidad y atención optima al paciente

Misión
Proveer la atención médica más especializada y humana en el área de la otorrinolaringología

Ventajas actuales
Ubicación, Amplio estacionamiento
Especialistas con experiencia
Sistema de adiestramiento en atención al paciente
Cursos de actualización a especialistas
Equipos modernos

Ventajas a adquirir
Área quirúrgica propia
Sistemas eficientes y automatizados
Aseguramiento de cadena de suministros

CDC Actuales
Confianza en los médicos y en las técnicas
Buen trato por el personal
Atención con prontitud
Facilidad para llegar y estacionar.

CDC Futuras
Posibilidad de cirugía plástica
Menos demoras al paciente
Seguridad de suministros

Estrategias de Salud
Garantizar calidad de atención
Incrementar satisfacción de pacientes
Incrementar el número de pacientes

Estrategias Financieras
Evitar pérdidas económicas por multas, por incumplimiento de trámites burocráticos y por inflación
Bajar costos y aumentar la rentabilidad

Estrategias Organizacionales
Retención de personal clave
Optimización de recursos humanos.
Disminuir la dependencia de otros Centros

Objetivos Estratégicos de primer nivel
"Reingeniería" o rediseño del Centro actual

Asegurar la cadena de suministros para garantizar los insumos para el tratamiento de los pacientes

Expansión quirúrgica

Epílogo

El siglo XXI comenzó como un siglo de cambios. La mayoría, acelerados. En estos tiempos es necesario contar con la creatividad necesaria para buscar oportunidades en donde otros no las ven, la suficiente flexibilidad para poder adaptarse a los cambios que se producen de manera continua, y la necesaria anticipación para prever escenarios potenciales en donde tendremos que movernos. Finalmente hay que trabajar todas estas habilidades de manera coordinada para afrontar el entorno siempre volátil en donde vamos a interactuar.

Las ideas, motivaciones, capacidad de imaginación, creatividad y fuerzas de cambio provienen de individuos que en algún momento salen de su zona de confort. Dejan de ser asalariados, parte de un todo, y comienzan a ver el mundo o "escenario" de manera diferente. Se arrriesgan a compartir ideas y realizar inversiones, para darle forma a sus sueños. Ven oportunidades que otros sólo ven problemas.

Toda esa creatividad, innovación, y capacidad de transformación toma vida en un medio externo siempre cambiante a través de una empresa. Esta no es más que una estructura o modelo de negocio, la cual, como un organismo, debe ser lo suficientemente flexible para poder adaptarse o moldearse a esa realidad.

Las empresas u organizaciones están integradas por personas, y a la final, la forma de conducirlas será un reflejo de sus directivos. Por otro lado, el medio externo, siguiendo la tendencia darwiniana, es un continuum, donde las empresas tienen que estar reajustándose constantemente para poder sobrevivir, que es lo que se conoce como adaptación. Las empresas, como reflejo de sus accionistas, pueden ser vistas como estructuras con vida, las cuales deben estar adaptándose a esa realidad que denominamos "mercado". de manera continua

De Autoempleados a Empresarios

Este libro fue pensado para todos aquellos emprendedores que toman el riesgo de salir de su zona de confort para crear una empresa de salud, la cual provea bienestar a los pacientes y genere rentabilidad y sostenibilidad a sus socios. A través de esta obra hemos tratado de aportar metodologías y herramientas, para que esos profesionales puedan ampliar su visión de las posibilidades que les ofrece un entorno volátil, cambiante y dinámico. Esperamos que pueda serles de utilidad.

Siendo fervientes creyentes de la evolución, esta obra no es más que una foto de un momento en el tiempo. Tu visión, comentarios, opiniones, y críticas son bien recibidas para seguir mejorando la misma y así poder llenar tus expectativas y dar respuesta a tus necesidades. Puedes escribirnos a los siguientes correos electrónicos: **lazpurua@gmail.com** o **betancourte@ciede.com**